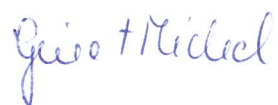

Vallader

Nus dedichain nos cudesch a quist pajais magnific ed als umans chi abitan qua, ouravant tuot a noss amis a Samedan.

Rudolf ed Siegrun Weiss

Puter

Nus dedichains nos cudesch a quist pajais magnific ed als umauns chi abitan cò, ouravaunt tuot a noss amihs a Scuol.

Rudolf ed Siegrun Weiss

Engadin

Wir widmen unser Buch diesem herrlichen Land und den Menschen, die hier wohnen – vor allem unseren Freunden in Samedan und Scuol.

Rudolf und Siegrun Weiss

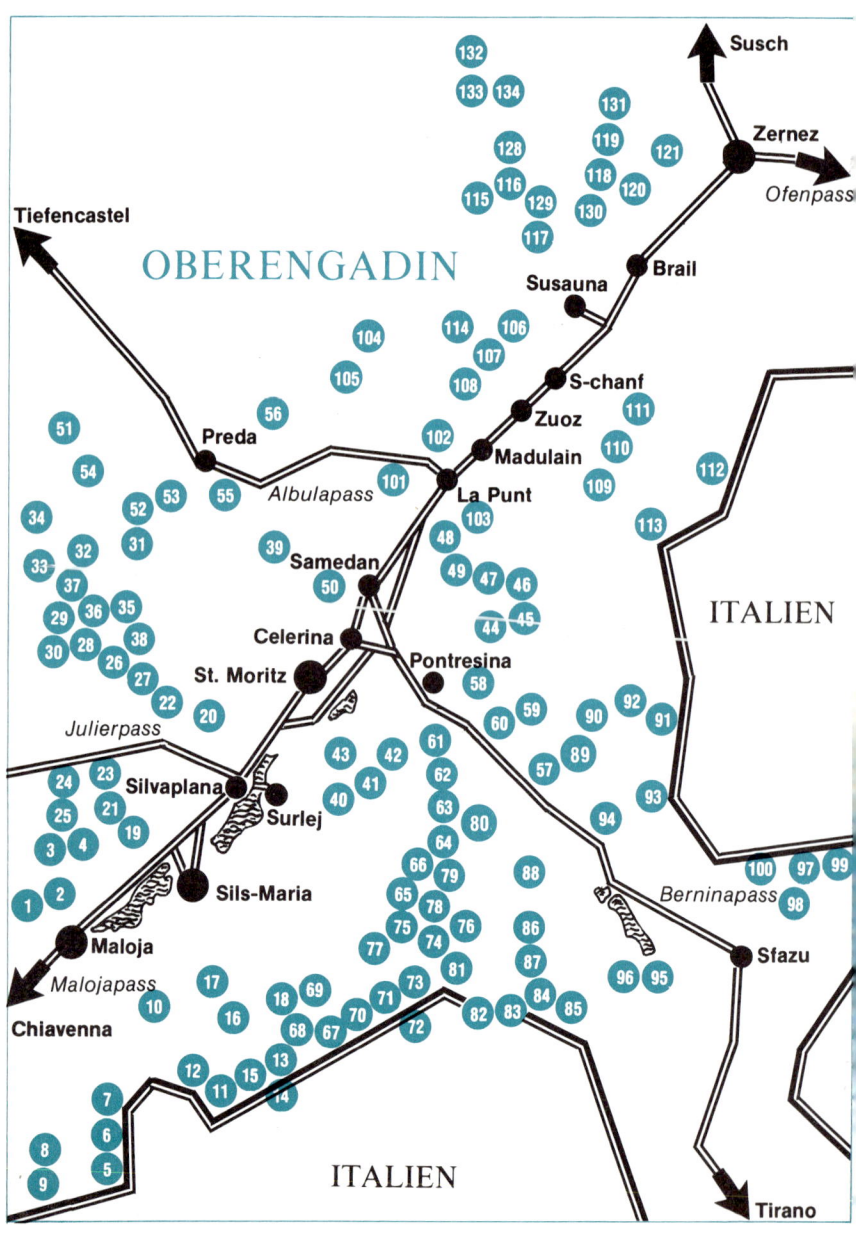

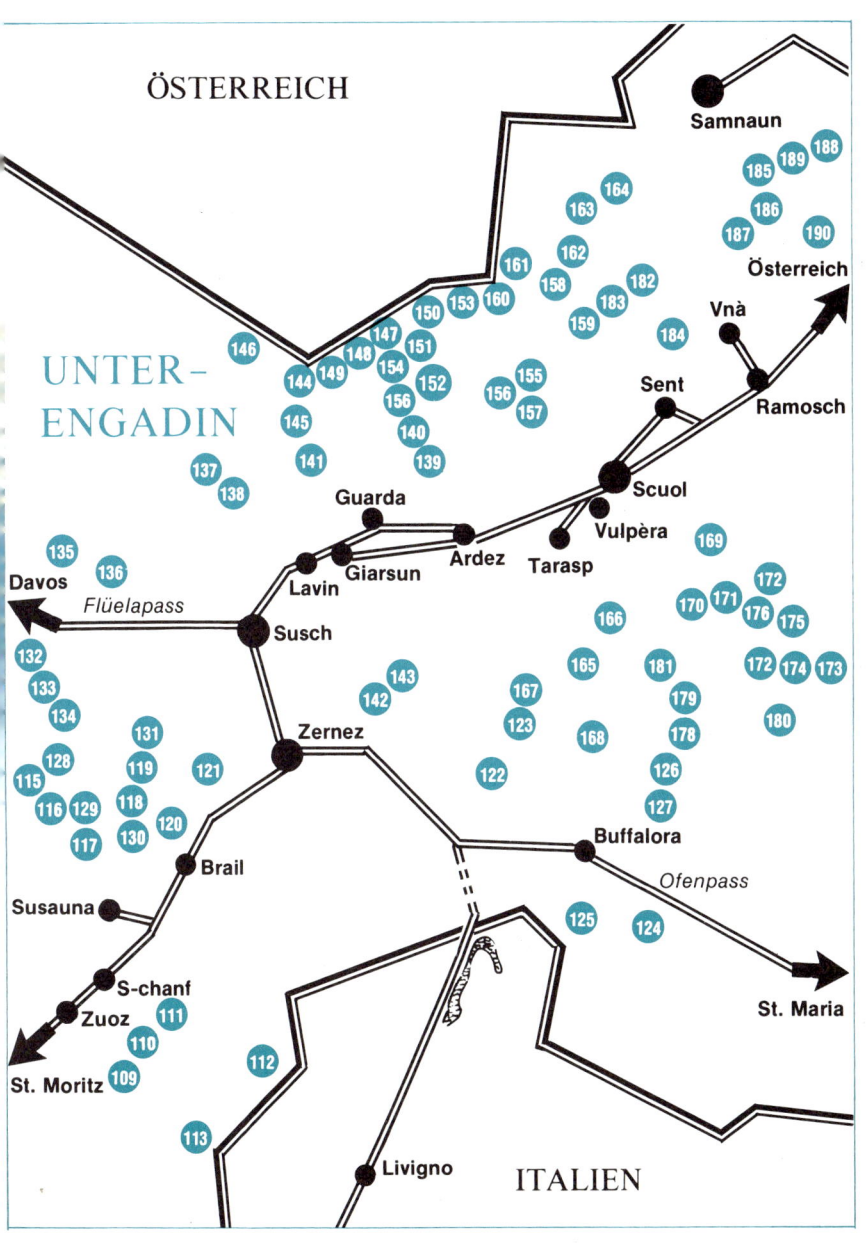

Skitouren
im
Engadin

Gebietsführer

Rudolf Weiss

STEIGER VERLAG

Vorderes Umschlagbild

Auf dem Piz La Greala (2928 m) — Route Nr. 156 —, einem einsamen Skigipfel in der Nähe des Pistenrummels von Scuol. Im Hintergrund die
Silvretta-Berge, in der Mitte die Vordere Jamspitze (3178 m) — Route
Nr. 150 — und Hintere Jamspitze (3156 m) — Route Nr. 151 —, links
davon, in Wolken gehüllt, der Piz Buin (3312 m) — Route Nr. 144.

Sämtliche Farbaufnahmen zu diesem Buch stammen von Siegrun und
Rudolf Weiss; die Vorlagen zu den Routen-Skizzen von Siegrun Weiss.

CIP-Kurztitelaufnahme der Deutschen Bibliothek
Weiss, Rudolf:

Skitouren im Engadin - Gebietsführer. Fotogr. - Siegrun
und Rudolf Weiss. - 1. Aufl. -
Innsbruck: Steiger, 1984.
ISBN: 3-85423-031-1

2. Auflage 1989
© by Steiger Verlag
A-6622 Berwang/Tirol · Alle Rechte vorbehalten
Druck: M. Theiss, Wolfsberg · Printed in Austria

INHALT

Tour-Nr.	Hm	Ekm	Z	Skt	Klt	Lg	Abf	Seite
TOURENBEREICH PONTRESINA								69
57 Piz Albris, 3166 m (von N)	1400	7	4,5	1a	1	1	N, W	69
58 Piz Muragl, 3157 m (von S)	1400	4	4	2a	0	1	S	70
59 Piz Languard, 3262 m	1500	4,5	4,5	2a	0	1	S	71
60 Paradis, 2540 m	700	3	2,5	0	0	1	N, W	71
61 Muottas da Puntraschigna, 2545 m	700	3,5	2,5	1a	0	1	NO	71
62 Chalchagn Pitschen, 2789 m	1000	4,5	3	1a	0	1	N, NO	71
63 Piz Chalchagn, 3154 m (von N)	1300	4	4	2ab	0	2	N	72
64 Piz Chalchagn, 3154 m (von O)	1300	4,5	4	2a	0	1	S, O	72
65 Piz Misaun, 3249 m	1400	6	4,5	1a	0	1	NW	73
66 Piz Mandra, 3091 m	1200	4	3,5	1a	0	1	O	73
TOURENBEREICH COAZ-HÜTTE								74
67 Piz Glüschaint, 3594 m	1000	3	3,5	1a	1	0	N	75
68 La Muongia, 3415 m	800	3	2,5	0	0	0	N	75
69 Il Chapütschin, 3386 m	800	2,5	2,5	1a	0	0	N	75
70 La Sella, 3584 und 3564 m	1200	4	5	1a	0	0	NW	76
71 Dschimels, 3508 und 3479 m	1200	4	5	1a	0	0	NW	77
72 Piz Sella, 3517 m	1200	4	5	1a	0	0	NW	77
73 Piz Roseg, 3937 m	1300	5	4,5	2a	2	2	W, N	78
TOURENBEREICH TSCHIERVA-HÜTTE								79
74 Piz Morteratsch, 3751 m	1200	3	3,5	1a	0	1	N, SW	79
75 Piz Tschierva, 3546 m	1000	4,5	3	1a	0	1	O, SW	80
76 Crasta da Boval, 3208 m	700	3	2,5	1a	0	1	NO, O	80
77 Piz Aguagliouls, 3118 m	600	3	2	2a	0	1	N	83
TOURENBEREICH BOVAL-HÜTTE								84
78 Piz Misaun, 3249 m	800	3	2,5	1a	0	1	N, O	84
79 Piz Mandra, 3091 m	600	3	2	0	0	1	SO	85
80 Piz Chalchagn, 3154 m (von S)	700	5	2,5	2a	0	1	S, O	86
81 Piz Bernina, 4049 m	1600	7	5,5	1ab	1e	2	SO, N	86
82 Piz Argient, 3945 m	1500	6,5	5	1ab	0	2	N	87
83 Piz Zupò, 3996 m	1550	6,5	5	1ab	0	2	N	88
84 Bellavista, 3804 m (O-Gipfel)	1300	6,5	4,5	1ab	0	2	N	88

Tour-Nr.	Hm	Ekm	Z	Skt	Klt	Lg	Abf	Seite
TOURENBEREICH ZERNEZ UND OFENPASS								113
⑰ Piz Vadret, 3229 m (von S)	1600	7	6	1a	2	1	SO	114
⑱ Piz Sarsura, 3178 m (von O)	1750	8	5,5	1a	0	1	NO	115
⑲ Sarsura Pitschen, 3133 m (von O)	1700	7,5	5,5	1a	0	1	SO, NO	115
⑳ Piz Sarsuret, 3126 m	1700	7	5	1ab	0	2	NO, SO	115
㉑ Piz d'Urezza, 2906 m	1450	4	4	1ab	0	1	N, O	116
㉒ Piz Laschadurella, 3046 m	1300	5	4	1a	0	1	NW, S	117
㉓ Piz Plavna Dadaint, 3167 m (von W)	1900	7	6	1a	1	1	W, S	118
㉔ Piz Daint, 2968 m	1000	5	3	0	0	1	W, N	118
㉕ Munt Buffalora, 2630 m	700	3,5	2	0	0	0	N	121
㉖ Piz Vallatscha, 3021 m	800	5	2,5	1a	0	1	N, SO	121
㉗ Munt da la Bescha, 2698 m (W-Gipfel)	550	2	1,5	1a	0	1	S	123
TOURENBEREICH SUSCH UND FLÜELAPASS								123
㉘ Piz Grialetsch, 3131 m (von N)	1300	10	5	0	0	1	N	124
㉙ Piz Vadret, 3229 m (von N)	1400	8,5	6	1a	2e	1	N	125
㉚ Piz Sarsura, 3178 m (von N)	1350	9	5,5	0	0	1	N	125
㉛ Piz Sarsura Pitschen, 3133 m (von N)	1300	8	5	1a	0	1	SW, N	126
㉜ Schwarzhorn, 3146 m	900	3	2,5	1a	0	1	SO, NO	126
㉝ Radüner Rothorn, 3022 m	800	3	2,5	1a	0	1	SO, N	127
㉞ Piz Radönt, 3065 m	800	2,5	2,5	0	2	1	N	128
㉟ Flüela Wisshorn, 3085 m	900	3	2,5	1a	0	1	SO	128
㊱ Piz Champatsch, 2946 m	800	2,5	2	1a	0	1	S	129
㊲ Piz Zadrell, 3104 m	1700	7,5	5	1a	0	1	S	129
㊳ Piz Sagliains, 3101 m	1700	7,5	5	1a	0	1	SW, S	130
TOURENBEREICH GUARDA								131
㊴ Piz Cotschen, 3031 m	1400	4	4	1a	1	1	S	131
㊵ Fil da Tuoi, 2867 m	1200	6	3,5	1a	0	1	SW	132
㊶ Piz Champatsch, 2958 m	1300	4,5	4	1a	0	1	S, SO	132
㊷ Piz Nuna, 3123 m	1650	6	5	1ab	2	1	N	133
㊸ Piz Sursass, 2910 m	1450	6	4,5	1ab	0	1	N	134
TOURENBEREICH TUOI-HÜTTE								135
㊹ Piz Buin, 3312 m	1100	5	3,5	1a	1	1	S, O	136
㊺ Piz Fliana, 3281 m	1000	3,5	3	1a	1e	1	N, O	139

Tour-Nr.	Hm	Ekm	Z	Skt	Klt	Lg	Abf	Seite
⑱⓪ Mot Falain, 2691 m	900	5	3	1a	0	1	NW	162
⑱① Mot Tavrü, 2350 m	600	4	2	1a	0	1	SO	162
TOURENBEREICH RAMOSCH								163
⑱② Piz Spadla, 2912 m	1500	6	4,5	1a	0	2	S	164
⑱③ Fil Spadla, 2868 m	1450	6	4,5	1a	0	1	S	167
⑱④ Mot da Set Mezdis, 2155 m	700	2	2	0	0	0	S	167
⑱⑤ Muttler, 3294 m	1700	9	6	2a	0	2	SW	167
⑱⑥ Piz Nair, 3018 m	1400	7	4,5	1a	0	1	W, SW	168
⑱⑦ Piz Arina, 2828 m	1200	3	3,5	1a	0	1	S	168
⑱⑧ Piz Malmurainza, 3038 m	1500	7	5	1a	0	1	O, S	169
⑱⑨ Piz Salèt, 2971 m	1450	5	4,5	1a	0	1	SO	170
⑲⓪ Mot Tea Nova, 2311 m	750	2	2	0	0	0	SO	170

Dieses Buch ist nicht für Anfänger im Tourenskilauf geschrieben, sondern für selbständige Skitouristen und Skibergsteiger. Es setzt voraus, daß der Benützer Schwierigkeiten und Gefahren zuverlässig abschätzen kann. Wer sich unsicher fühlt, sollte einen Ausbildungskurs besuchen — die Führer der Bergsteigerschulen sind als Berglehrer ausgebildet. Zur Ergänzung und Wiederholung dieser Ausbildung möchte ich jedoch auch auf mein Lehrbuch verweisen: „Touren-Skilauf — Sicher und genußvoll in Pulver und Firn" (Steiger-Verlag Innsbruck).

Über das Engadin gäbe es viel zu schreiben: über dieses herrliche Land, über die Rätoromanen und ihre Kultur, über Geschichte und Wirtschaft. Wer darüber lesen möchte, muß sich im Schriftenverzeichnis passende Bücher heraussuchen. Auch eine knappe Darstellung hätte den Rahmen des Buches bereits gesprengt.

Beschrieben werden 190 Anstiege auf berühmte und unbekannte Gipfel zwischen Maloja und der österreichischen Grenze bei Martina. Als Ausgangspunkte einbezogen sind die Seitentäler, insbesondere bis zum Julierpass, Berninapass, Ofenpass und Flüelapass.

Tourenbereiche

Mehrere Anstiege werden jeweils zu einem „Tourenbereich" zusammengefaßt. Diese Zusammenfassungen sollen die Planung eines längeren Aufenthalts erleichtern. Zu diesem Zweck enthalten sie auch Anschrift und Telefonnummer des zuständigen Verkehrsbüros. In dieser, den einzelnen Tourenbeschreibungen jeweils vorangesetzten Zusammenfassung, werden die beschriebenen Anstiege kurz vorgestellt.

„Hauptgipfel" und „weitere Gipfel"

Innerhalb der Tourenbereiche werden häufig noch einmal Anstiege zusammengefaßt. Dabei wird ein Ziel als „Hauptgipfel" (blaue Titelzeile) herausgestellt und etwas ausführlicher beschrieben. Weitere Tourenmöglichkeiten, die vom Anstieg zum Hauptgipfel abzweigen, werden knapper geschildert. Eine Kurzbeschreibung mit allen wichtigen Angaben erfolgt in diesen Fällen nur, wenn erhebliche Unterschiede hinsichtlich der Höhenmeter, der Schwierigkeit usf. zum „Hauptgipfel" bestehen.

Empfehlungen einer günstigen Zeit

Nach einer kurzen Charakteristik des „Hauptgipfels" werden jene Monate genannt, in denen zumeist günstige Bedingungen für die Besteigung dieses Gipfels herrschen. Dabei handelt es sich natürlich nicht um verbindliche Richtlinien. In einem schneereichen Frühwinter können die Touren durchaus bereits einen Monat früher unternommen werden. Andererseits ist es durchwegs möglich, auch noch später als empfohlen zu einem Gipfel aufzusteigen. Das bringt bei steilen und schwierigen Touren häufig größere Sicherheit, erfordert aber mitunter eine Anstiegsstunde im aperen Gelände mit aufgeschnallten Skiern.

Ausgangspunkt

Für jede Tour wird der Ausgangspunkt genannt. Darunter wird der Ort verstanden, an dem die Ski angeschnallt werden. Das kann also auch die Bergstation einer Aufstiegshilfe sein. Ebenfalls angegeben wird die Entfernung zum nächsten größeren Ort im Inn-Tal. Die Angaben „vor" oder „nach" einem bestimmten Ort sind dabei immer orographisch zu verstehen, also dem Flußlauf entsprechend.

Kurzbeschreibungen

Die Kurzbeschreibungen möchten in wenigen Zeilen die wichtigsten Angaben für eine Tour liefern. Bei der Angabe der *Höhenmeter* werden etwaige Gegenanstiege eingerechnet. Die *Entfernungskilometer* beziehen sich lediglich auf den Anstieg. Beide Werte werden auf- bzw. abgerundet. Sie entscheiden im wesentlichen über die erforderliche *Anstiegszeit*. Die angegebenen Zeiten sind eher knapp und werden nur bei gutem Trainingszustand und günstigen Bedingungen (z. B. keine schwere Spurarbeit) erreicht werden. Rasten oder auch nur Fotopausen sowie der Zeitaufwand für An- und Abfellen, Anseilen usf. sind nicht eingerechnet.

Schwierigkeit einer Skitour

Bei der Schwierigkeit einer Skitour unterscheide ich skitechnische und klettertechnische Schwierigkeiten. Die *skitechnischen Schwierigkeiten* hängen in erster Linie ab von der Steilheit des Geländes und vom Spielraum, den ich für meine Schwünge habe. Als „0 = unschwierig" verstehe ich einen Anstieg, der keine Hänge mit einer Steilheit von mehr als 30 Grad und keine Engstellen aufweist. Als „1 = mittelschwierig" bezeichne ich Anstiege, die entweder Steilhänge bis zu 35 Grad aufweisen (Abkürzung „1a") oder Engstellen bis zu einer mittleren Steilheit (etwa 25 Grad, Abkürzung „1b") oder auch beides zusammen (Abkürzung „1ab"). Steilhänge werden dabei erst als solche gewertet, wenn sie sich über mindestens 50 Höhenmeter erstrecken. Engstellen, die den Spielraum für die Schwünge einschränken und dadurch höhere Anforderungen an die Skitechnik stellen, können durch ein Bachbett geschaffen werden, durch einen steilen Wald, durch eine schmale Rinne, aber auch, wenn Gletscherspalten eine sehr kontrollierte Fahrweise erzwingen. Als „2 = schwierig" bezeichne ich Anstiege mit Steilhängen bis zu 40 Grad (Abkürzung „2a") oder Engstellen mit einer Steilheit bis 35 Grad (Abkürzung „2b") oder auch beides zusammen (Abkürzung „2ab").

Klettertechnische Schwierigkeiten

Diese treten allgemein im letzten Teil des Anstiegs auf, wenn ein Gipfel durch eine steile Rinne oder über einen Grat erstiegen werden muß. Kann ein Gipfel mit Ski oder zu Fuß ohne Klettern erreicht werden, bezeichne ich ihn als „0 = unschwierig". „1 = mittelschwierig" entspricht etwa dem I. Schwierigkeitsgrad im Sommer, „2 = schwierig" etwa dem II. Schwierigkeitsgrad im Sommer. Ungleich stärker hängt bei winterlichen Bedingungen die tatsächliche Schwierigkeit von den Verhältnissen ab, die der Benützer selbst einschätzen muß. Gelegentlich kann ein Anstieg auch eistechnische Schwierigkeiten aufweisen, wenn der Gipfel durch ausgesprochene Steilrinnen oder Eisflanken erreicht wird. Bis zu einer Steilheit von 40 Grad bezeichne ich diese Schwierigkeit mit „1e", bis zu einer Steilheit von 50 Grad mit „2e".

Anstiege mit eistechnischen Schwierigkeiten erweisen sich unter winterlichen Bedingungen häufig leichter als im Sommer.

Lawinengefahr

Eine sinnvolle Aussage über die Lawinengefahr eines Anstieges ist kaum möglich. Daß eine an sich recht lawinensichere, sonnseitige Tour nach einem starken Schneefall mit Windverfrachtung gefährlich werden kann, muß der Tourengeher selbst wissen. Ähnliches gilt für die Bedrohung der V-Täler von den Steilflanken her nach starker Sonneneinstrahlung im späten Frühjahr. Die Angaben können sich daher nur auf die Wahrscheinlichkeit von Lawinenabgängen im Laufe eines Winters beziehen. Ich unterscheide in diesem Sinne „0 = kaum gefährdet", „1 = mitunter gefährdet" und „2 = häufig gefährdet".

Die Einstufung der Wahrscheinlichkeit eines Lawinenabganges erfolgt immer unter der Voraussetzung, daß eine vernünftige Aufstiegs- und Abfahrtsspur gewählt und die üblichen Sicherheitsmaßnahmen beachtet wurden (z. B. Berücksichtigung starker Schneefälle, eines Föhneinbruchs, der Tageserwärmung).

Hauptrichtung der Abfahrt

Die Angabe der Abfahrtsrichtung gibt Hinweise darauf, in welchem Monat und bei welchen Schnee- und Wetterverhältnissen man eine günstige Wahrscheinlichkeit für einen ungetrübten Abfahrtsgenuß hat.

Landkarten

Für jeden Anstieg werden die erforderlichen Landkarten genannt. Ich empfehle, jeweils die Landeskarte 1:25.000 zu benützen. Das sind die Karten mit den vierstelligen Zahlen. Die Angaben mit den dreistelligen Zahlen beziehen sich auf die entsprechenden Landeskarten 1:50.000. Die großmaßstäblichen Karten 1:25.000 enthalten ungleich mehr Einzelheiten. Sie bilden die Grundlage für die Angaben in den Tourenbeschreibungen und Skizzen. Die Landeskarten 1:50.000 eignen sich eher als Übersichtskarten. Besonders zu verweisen ist hier auf die LK 268 mit eingezeichneten Skirouten und kurzen Tourenbeschreibungen auf der Rückseite. Die Einzeichnungen stammen vom Schweizerischen Skiverband. Seit kurzer Zeit gibt es auch für das Unterengadin eine Landkarte mit eingezeichneten Skirouten. Es handelt sich um einen Zusammenschnitt der LK 249 und LK 259, der vom Verlag Kümmerly und Frey herausgegeben wurde („Unterengadin: Samnaun — Nationalpark — Val Müstair; Wanderkarte mit Skirouten und Loipen 1:50.000").

Skizzen

Die Skizzen sind verläßlich maßstabgetreu. Sie können natürlich die Landkarten nicht ersetzen, zeigen aber die Entfernungen und die Lage einzelner Gipfel zueinander stets im richtigen Verhältnis. Aus drucktechnischen Gründen sind manche Skizzen im Vergleich zur Landkarte um 90° gedreht. Es ist daher stets der *Pfeil für die Nordrichtung* zu beachten.

Farbbilder

Die reproduzierten Aufnahmen im Buch sind nicht als zusätzliche Orientierungshilfen gedacht. Deshalb wurde auch darauf verzichtet, Anstiegswege einzuzeichnen. Sie dienen in erster Linie der Anregung vor der Tour und dem vergnüglichen Nacherleben nach der Tour.

Für Fotofreunde: Alle Farbbilder wurden auf Kodachrome 64 aufgenommen. Fotografiert wurde mit einer Olympus OM-1 (35—105 mm) und einer Olympus XA (35 mm).

Ausrüstung

Bezüglich der erforderlichen Ausrüstungsgegenstände möchte ich niemanden bevormunden. Jeder Benützer dieser Tourenbeschreibungen muß selbst wissen, ob er Pickel und Steigeisen mitnehmen muß. Daß auf spaltengefährdeten Gletschern mit einer Brust-Sitzgürtel-Kombination angeseilt werden sollte und daß bei winterlichen Bedingungen Ungeübte auch im I. Schwierigkeitsgrad gesichert werden müssen, weiß jeder mündige Tourengeher selbst — und für diesen Personenkreis wurde unser Buch geschrieben.

Verläßlichkeit der Beschreibungen und Skizzen

Ich habe mich bemüht, alle Anstiege in den letzten sechs Jahren zu begehen oder wieder zu begehen, um Veränderungen zu erfassen, wie sie durch den Bau von Straßen oder Aufstiegshilfen, aber auch durch Aufforstungen (Zuwachsen von Waldschneisen) entstehen. Über die im Literaturverzeichnis genannten Titel hinaus wurden viele Informationsquellen (z. B. alle Verkehrsbüros des Engadins) einbezogen. Tourenfreunde, die dazu beitragen können, diese Beschreibungen noch zu verbessern oder zu ergänzen, bitte ich um eine Benachrichtigung über die Adresse des Verlags.

Im übrigen wünsche ich: „Viel Freude auf den Skitouren im Engadin!"

Militärische Schiessübungen

In der Schweiz finden Schiessübungen nicht nur auf eigenen, dafür vorgesehenen Plätzen statt. Kleinräumig können auch bestimmte Gebiete zeitweise für den Tourismus gesperrt werden. Sperrgebiete und Schiesszeiten werden auf den Anschlagtafeln der Gemeinden angekündigt, bzw. können auch bei den Verkehrsvereinen erfragt werden. Im Gelände sind sie an rotweissen Warntafeln erkennbar.

■ Ein Verzeichnis der im Führer verwendeten Abkürzungen ist auf beigeschlossenem Lesezeichen abgedruckt!

*

TOURENBEREICH MALOJA

Der kleine Ort **Maloja** (1809 m) beim gleichnamigen Pass ist unmittelbarer Ausgangspunkt für den **Piz Lunghin** (2780 m) und mittelbarer für zwei weitere schöne Skigipfel in den Albula Alpen: **Piz Grevasalvas** (2932 m) und **Piz d'Emmat Dadaint** (2927 m).

Von Maloja aus lassen sich auch einige sehr alpine Ziele im Bergell (Bernina Alpen) erreichen: **Monte Sissone** (3330 m) und **Cima di Rosso** (3366 m), **Cima di Val Bona** (3033 m), **Cima dal Cantun** (3354 m) und **Cima di Castello** (3388 m). Leistungsfähige Tourengeher ersteigen diese Berge vom Tal aus. Sie ersparen sich dabei den Umweg über die Forno-Hütte, die ein gutes Stück über dem Forno-Gletscher liegt.

Wer mehrere Tage Zeit hat, tut aber gut daran, in der Forno-Hütte des SAC (2575 m) zu nächtigen. Die Hütte ist zu den gängigen Tourenzeiten (z. B. um Ostern oder Pfingsten) geöffnet. Sicherheitshalber sollte man vor dem Aufstieg im Hotel Kulm in Maloja anfragen. Der Hüttenanstieg verläuft zunächst ungemein flach zum Cavloc-See und nach einer kurzen Steilstufe wiederum flach zum Plan Canin. Nach einer weiteren halben Stunde erreicht man den Forno-Gletscher, verfolgt ihn in der Mitte des Gletscherbodens und zweigt bei etwa 2400 m nach links zur Hütte ab. 3 Stunden.

Für Auskünfte und Quartierbestellungen: Verkehrsbüro, CH-7516 Maloja, Tel. 082-43188.
Forno-Hütte der Sektion Rorschach des SAC, CH-9400 Rorschach, Tel. 082-43182.

Piz Lunghin, 2780 m   ❶

Rassige Osthänge am Ursprung des Inn. Jänner bis April.

A: Maloja (1809 m).
K: Hm 1000, Ekm 4, Z 3. Skt 1ab. Klt 0. Lg 1. Abf O.
LK: 1276 (Val Bregaglia bzw. 268 (Julierpass).

Beim Ortseingang parken. Durch die Häusergruppe Cadlägh und steil zu P. 2045. Über den Lunghin-See oder das Südufer entlang. Weiter zum Pass Lunghin (2645 m). Ein steiler Nordhang führt zum Gipfel. Die letzten Meter zu Fuß. Herrliche Aussicht, vor allem auf die berühmten Kletterberge des Bergell. Der Pass Lunghin ist übrigens eine hochinteressante Wasserscheide: Das „Julierwasser" fließt in die Nordsee, die Maira in die Adria, der Inn in das Schwarze Meer.

2 Piz dal Sasc, 2720 m

Vom Pass Lunghin aus läßt sich über einen schönen Nordhang auch der Piz dal Sasc besteigen. Mit Ski bis auf den Gipfel. Bei der Abfahrt vom Pass ist es vorteilhaft, Richtung N in den steilen Hang zu queren und dann erst zum See abzufahren.

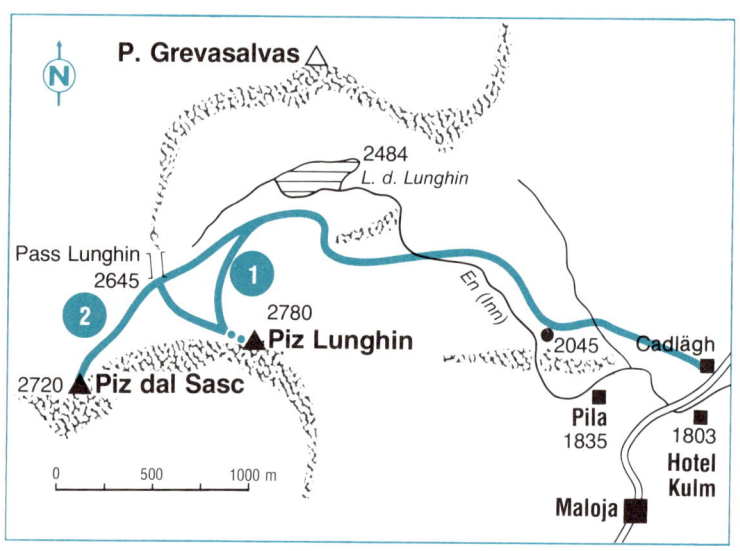

3 Piz Grevasalvas, 2932 m

Schöner Skiberg über dem Silser See. Jänner bis April.

A: Plaun da Lej (1799 m). Die kleine Häusergruppe liegt 3 km nach Maloja unmittelbar am Silser See.
K: Hm 1100. Ekm 5, Z 3,5, Skt 1a. Klt 0. Lg 1. Abf 0, SO.

Parkplatz vor einem im Winter geschlossenen Gasthaus. Auf einer nicht geräumten Fahrstraße zum malerischen Almdorf Grevasalvas (1947 m). In Richtung NW ansteigen zu einer Art Terrasse (etwa 2200 m). Wir ver-

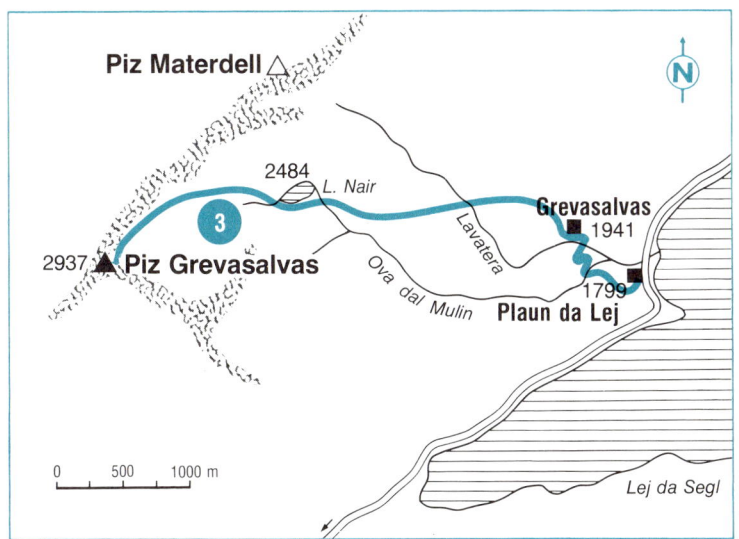

folgen diese Terrasse etwa eine Viertelstunde lang und versuchen dann, neben einem deutlich erkennbaren Bachbett (Ova dal Mulin) die nächste Terrasse und den Lej Nair (2456 m; „Schwarzer See") zu erreichen. Unser Gipfel ist jetzt sichtbar. Wir erreichen ihn von rechts her.

Piz d`Emmat Dadaint, 2927 m

Skigenuß auf steilen Firnhängen. Februar bis April.

A: Plaun da Lej (1799 m).
K: Hm 1100, Ekm 3, Z 3. Skt 1a, Klt 0. Lg 1. Abf S, SO.
LK: 1256 (Val Bregaglia) bzw. LK 268 (Julierpass).

Auf einer nicht geräumten Fahrstraße zum malerischen Almdorf Grevasalvas (1947 m). Etwas rechts haltend zur ersten Terrasse. Anschließend sehr steil im Bachbett der Lavatera zur zweiten Terrasse. Nun etwas gemütlicher bis zum steilen Südhang und über diesen auf den Gipfel. Diese

21

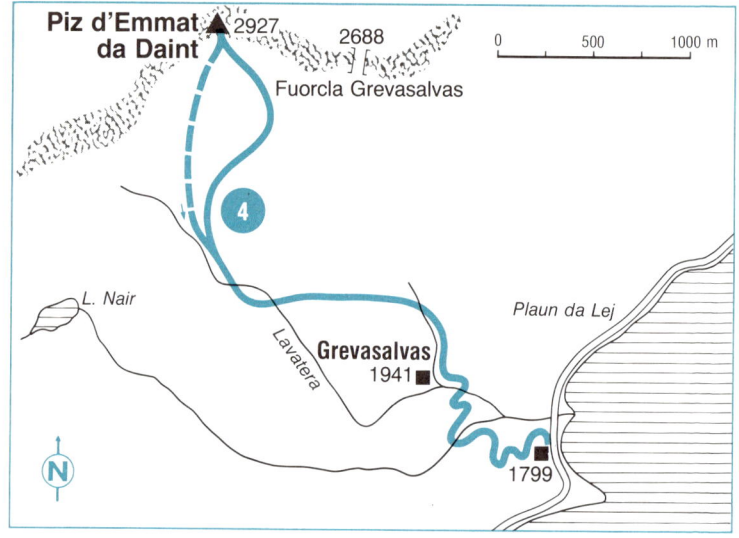

Tour wird häufig von der Nordseite her begangen, kaum aber von der hier beschriebenen rassigen Südseite aus unternommen.

⑤ Monte Sissone, 3330 m

Steiler Gipfelhang – lange Flachstücke. März bis Juni.

A: Maloja (1809 m) oder Forno-Hütte (2575 m).
K: Hm 1500, Ekm 14 (!), Z 6, bei Nächtigung auf der Hütte 3. Skt 1a. Klt 1. Mäßige Spaltengefahr. Lg 1. Abf NW, N.
LK: 1276 (Val Bregaglia) und 1296 (Sciora) bzw. 268 (Julierpass).

In der Mitte des Forno-Gletschers aufwärts. Am Talschluß (etwa 2700 m) Richtung SO abzweigen. Steiler Gletscherhang zum Sattel (3273 m) zwischen Cima Rosso und Monte Sissone. Skidepot. Im Schnee über unschwierige Felsen zum Gipfel. Bei der Abfahrt zunächst ein herrlicher Steilhang. Die anschließende mächtige Querspalte darf nur bei verläßlichen Brücken seilfrei bewältigt werden. Bis zum Ende des Gletschers läuft es gut, dann muß mit den Stöcken nachgeholfen werden. Zuletzt ein kurzer Gegenanstieg.

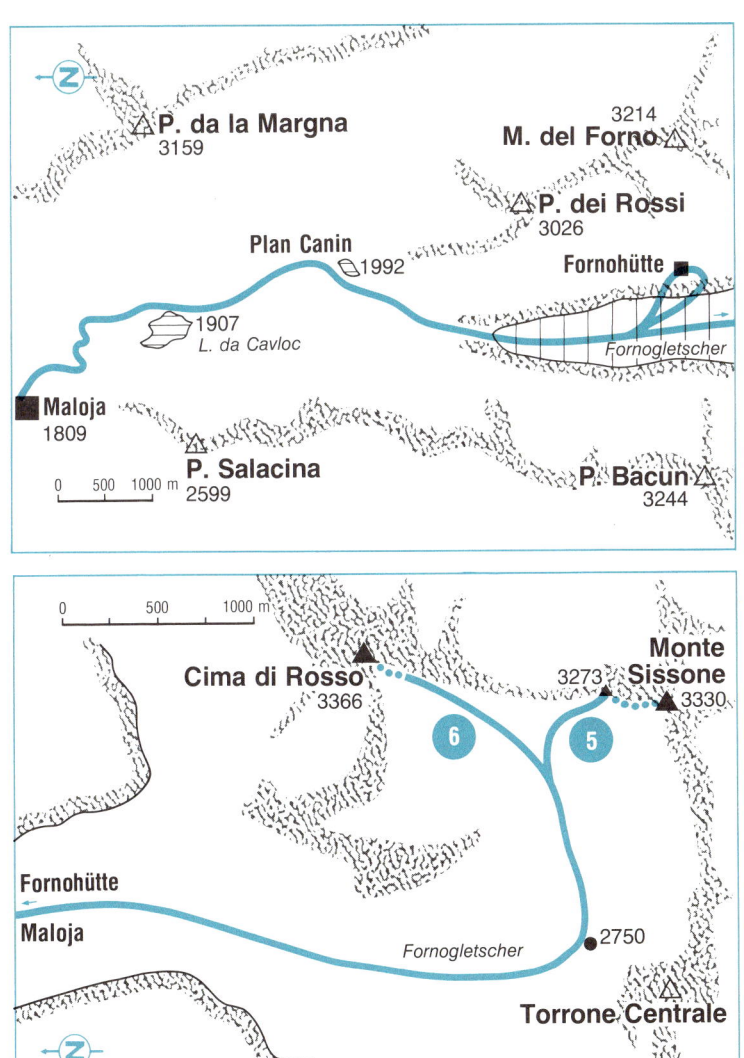

P. da la Margna
3159

3214
M. del Forno

△ **P. dei Rossi**
3026

Plan Canin
1992

Fornohütte

1907
L. da Cavloc

Fornogletscher

Maloja
1809

P. Salacina
2599

0   500   1000 m

P. Bacun
3244

---

0   500   1000 m

Cima di Rosso
3366

Monte
Sissone
3273   **3330**

6   **5**

Fornohütte

Maloja

Fornogletscher   2750

Torrone Centrale

6 Cima di Rosso, 3366 m

Dieser lohnende Gipfel wird wesentlich seltener bestiegen. Ab etwa 2700 m stärker nach links halten und über die SW-Flanke auf die Cima di Rosso. Die langen Flachstücke bleiben einem leider auch hier nicht erspart.

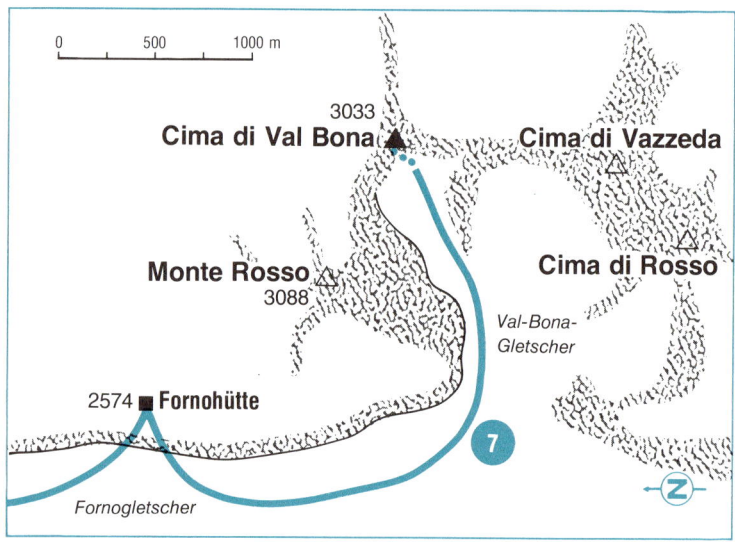

7 Cima di Val Bona, 3033 m

Leichtester Ski-Dreitausender im Bergell. März bis Mai.

A: Maloja (1809 m) oder Forno-Hütte (2575 m).
K: Hm 1200, Ekm 12, Z 5, bei Hüttennächtigung 2. Skt 0. Klt 0. Lg 1. Mäßige Spaltengefahr. Abf SW, N.
LK: 1276 (Val Bregaglia) und 1296 (Sciora) bz. 268 (Julierpass).

→

Auf dem Anstieg zum 10 **Piz da la Margna** *(3159 m), dem „Wächter" des Oberengadins. Eine anspruchsvolle, hochalpine Skitour! – Über dem Silser See, der eine dicke Eisdecke trägt, der felsige* 19 **Piz Lagrev** *(3165 m). Links daneben der* 4 *Piz d'Emmat Dadaint (2927 m).*

In der Mitte des Gletschers bis 2580 m ansteigen, dann rechtwinkelig abzweigen (Richtung O) und — endlich steiler! — über den Val Bona-Gletscher auf den Gipfel. Die Abfahrt ist auch hier nur im Gletscherbereich genußvoll.

Cima dal Cantun, 3354 m

„Schönster Eisgipfel im Bergell" (Nigg). März bis Mai.

A: Maloja (1809 m) oder Forno-Hütte (2575 m).
K: Hm 1550, Ekm 14, Z 6,5 bzw. (bei Hüttennächtigung) 3,5. Bei ungünstigen Verhältnissen (z. B. vereiste Felsen) länger. Skt 2ab. Klt 2. Lg 2. Große Spaltengefahr. Abf SO, N.
LK: 1276 (Val Bregaglia) und 1296 (Sciora) bzw. 268 (Julierpass) und 278 (Monte Disgrazia).

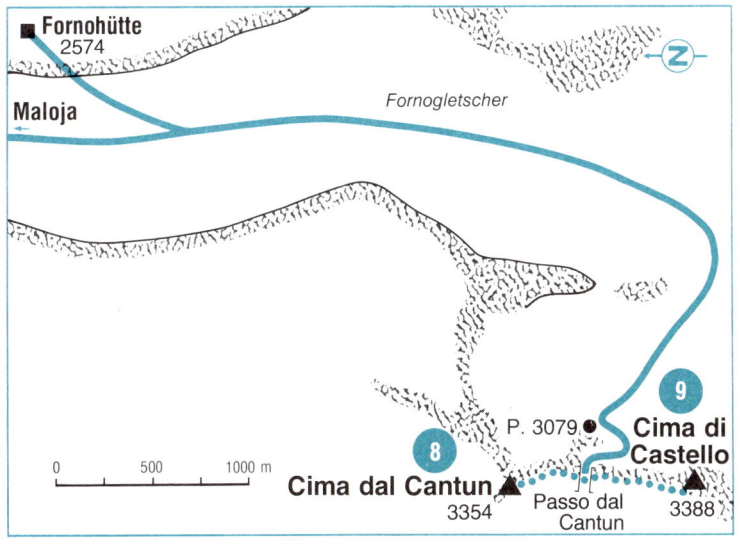

Traumabfahrt vom **133** *Radüner Rothorn (3022 m). Das Radüner Rothorn ist wie die anderen Berge rund um den Flüelapass ein wunderschöner Skigipfel. Natürlich sind diese leicht erreichbaren Ziele entsprechend gut besucht.*

In der Mitte des Forno-Gletschers bis etwa 2720 m, dann Richtung W abbiegen. Durch den spaltenreichen und steilen Gletscher schräg aufwärts Richtung NW. Links von den Felsen bei P. 3079 auf den sehr steilen Firngrat. Hier oder beim Beginn der Felsen Skidepot. Die Felsen sind wegen der Südlage trotz der großen Höhe meist nicht vereist.

9 Cima di Castello, 3388 m

Bis zum Passo dal Cantun ist der Anstieg gleich. Von hier ziemlich genau Richtung S und über den Nordgrat, zuletzt schwierig, auf den Gipfel.

TOURENBEREICH SILS-MARIA

Seit der Erbauung einer Gondelbahn und einiger Schlepplifte ist **Sils-Maria** (1809 m) nicht mehr ein verträumter Oberengadiner Ort, sondern ein lebhaftes Fremdenverkehrszentrum. Es ist auf dem besten Wege, dem größeren und berühmteren Silvaplana (Corvatsch-Seilbahn!) ernsthaft Konkurrenz zu machen.

Der Tourengeher findet eine ganze Reihe von Möglichkeiten. Die meisten Gipfel sind aber keine „Genußtouren", sondern sehr lange, anstrengende und schwierige Bergfahrten. Das gilt für den „Wächter des Oberengadins", den **Piz da la Margna** (3158 m), den **Piz Fora** (3363 m), den man von zwei verschiedenen Tälern aus besteigen kann, aber auch für den **Monte dell' Oro** (3155 m), den **Piz Tremoggia** (3441 m) und den **Piz Malenco** (3438 m). Die Unternehmungen aus dem Fedoz-Tal und dem Fex-Tal sind landschaftlich sehr schön, skiläuferisch aber kaum reizvoll. Leistungsfähige und alpin sehr erfahrene Ski-**Bergsteiger** werden allerdings auf ihre Rechnung kommen.

Eine Ausnahme bilden lediglich **Piz Salatschina** (2824 m) und der hübsche Skibuckel **Muott' Ota** (2458 m). Ihre Besteigung ist unschwierig.

Früher einmal ist man von Sils-Maria auch auf den **Chapütschin** (3386 m) gestiegen. Für diese großartige Skitour mußte man 6 Anstiegsstunden rechnen. Heute wird dieser Gipfel fast ausschließlich von Silvaplana aus unter Benützung der Corvatsch-Seilbahn angegangen. Mit der Abfahrt nach Sils-Maria ergibt sich eine großartige Rundtour: ⬤18

Alle angeführten Gipfel gehören zur Bernina Gruppe. Man wird auf ihnen auch an schönen Wochenenden selten andere Tourengeher treffen.

Eine Ausnahme bildet lediglich der Piz Fora, der aus dem Fex-Tal etwas häufiger bestiegen wird.

Informationen und Quartierbestellungen: Verkehrsbüro CH-7514 Sils-Maria.

Piz da la Margna, 3159 m

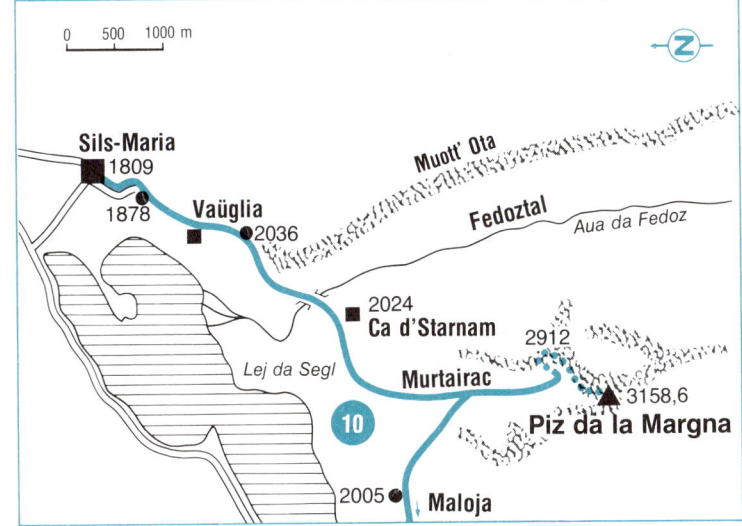

Weithin sichtbarer „Wächter" des Oberengadins. März bis Juni.

A: Sils-Maria (1809 m).
K: Hm 1400, Ekm 4, Z 5 (bei ungünstigen Verhältnissen am Gipfelgrat erheblich länger). Skt 2a. Klt 1. Lg 1. Abf N.
LK: 1276 (Val Bregaglia) bzw. 268 (Julierpass).

Auf der Straße ins Fex-Tal. PKW erlaubt bis zum Parkplatz nach 1 km (1878 m). Weiter nach Vaüglia (1911 m), einer kleinen Alm. Über den Höhenrücken P. 2036 und leicht abwärts ins Fedoz-Tal. Auf der gegenüberliegenden Talseite zur Alp Ca d'Starnam ansteigen. Ein kurzes Stück Richtung W, dann zunehmend steil genau nach S in die große Mulde Murtairac. Recht steil bis zu einem Firnfeld, das wir bis in eine Höhe von etwa 2800 m verfolgen. Nach links zu den Felsen hinausqueren. Skidepot bei oder unterhalb von P. 2912. Bei guten Verhältnissen wenig schwierige Blockkletterei über den langen NNO-Grat auf den Gipfel.

Variante: Bei sehr sicheren Verhältnissen wegmäßig kürzer von Maloja über P. 2005.

11 Piz Fora, 3363 m, aus dem Fedoz-Tal

Wenig begangener Anstieg auf einen berühmten Ski-Berg. März bis Juni.

A: Sils-Maria (1809 m) bzw. Parkplatz Fex-Tal (1878 m).
K: Hm 1600, Ekm 13, Z 6. Skt 1a. Klt 0. Lg 1. Mäßige Spaltengefahr. Abf W, N.
LK: 1277 (Piz Bernina) bzw. 268 (Julierpass).

Bis Vaüglia folgen wir der Fahrstraße ins Fex-Tal und wechseln dann über einen sanften Rücken (2036 m) ins Fedoz-Tal. Bei geringem Höhengewinn in der Mitte des Tales aufwärts. Erst bei etwa 2200 m nimmt die Steigung zu. Bei 2400 m sperrt ein Gletscherbruch den Weiterweg in der

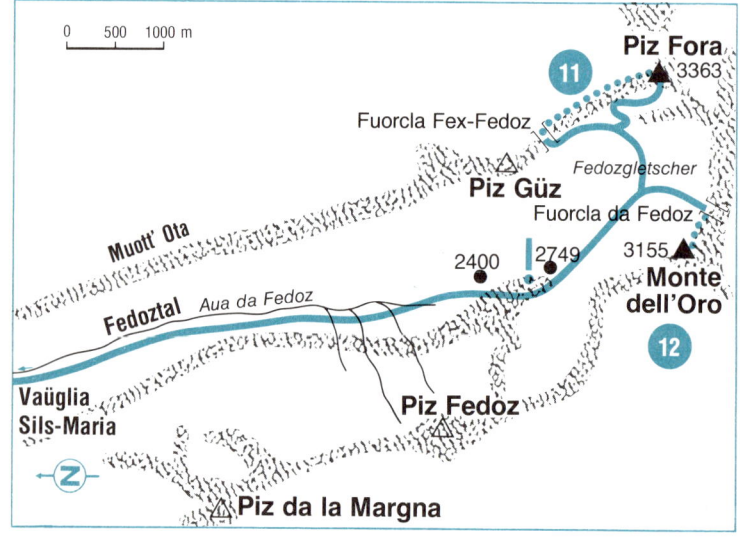

Talmitte. Wir weichen nach rechts aus und erreichen über felsdurchsetztes Gelände bei 2700 m wieder den Gletscher. Geradewegs auf den Gipfel zu (Richtung SO). In einer Höhe von 3050 m gibt es zwei Möglichkeiten. Entweder wir queren die Steilflanke nach links zur Fex-Fedoz-Scharte (3080 m), oder wir steigen über den anfangs auch sehr steilen NW-Hang unmittelbar zum Gipfel auf.

Monte dell' Oro, 3155 m

Bis in eine Höhe von fast 3000 m verläuft der Anstieg wie bei der Route zum Piz Fora. Dann nehmen wir Kurs auf die Fedoz-Scharte (3083 m). Skidepot. Über den SO-Grat erreicht man über mäßig schwierige Felsen, etwas ausgesetzt, den Gipfel (Klt 1). Bei der Abfahrt gibt es kaum Unterschiede zum berühmten Nachbarn: herrliche Hänge im Gletscherbereich — mühsames Schieben im flachen Talboden. Im Juni, manchmal bereits im Mai, müssen die Ski im Talboden auf den Rucksack geschnallt und getragen werden.

K: Hm 1400, Ekm 12, Z 5. Skt 1a. Klt 1. Lg 1. Abf N.

Piz Tremoggia, 3441 m

Bedeutendes Ziel für kraftstrotzende Alpinisten. März bis Juni.

A: Sils-Maria (1809 m) bzw. Parkplatz Fex-Tal (1878 m).
K: Hm 1600, Ekm 14, Z 6,5. Skt 1ab. Klt 0. Lg 1. Bedeutende Spaltengefahr. Abf N, W.
LK: 1277 (Piz Bernina) bzw. 268 (Julierpass).

Auf der Fahrstraße (für den allgemeinen Verkehr gesperrt) nach Fex Curtins (1973 m). Eine Nächtigung im Hotel Fex erspart am nächsten Tag eine Anstiegsstunde — kein Fehler bei der Länge des Aufstiegs. Am östlichen Ufer des Baches entlang. Bei 1978 m (Brücke) zum Westufer wechseln. Ziemlich flach taleinwärts und zum Fex-Gletscher. Bei 2700 m nach links in die flache Mulde des Tremoggia-Gletschers queren: steil, teilweise nicht im Gletscherbereich, oberhalb der Querung zahlreiche Spalten. Weiter zur Fex-Scerscen-Scharte (Spalten!). Ohne Höhenverlust von der Scharte über den breiten NO-Rücken zum Gipfel.

Piz Malenco, 3438 m

Von der Fex-Scerscen-Scharte ziemlich genau nach N und ohne Schwierigkeiten mit Ski bis auf den Gipfel.

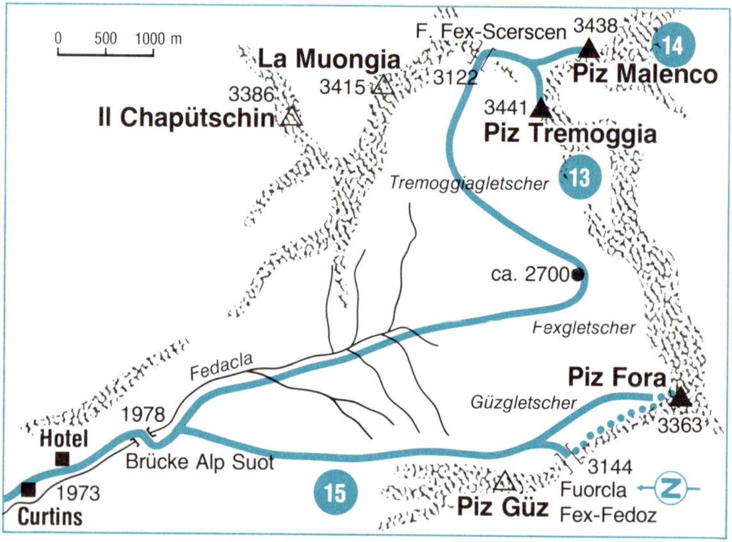
0 500 1000 m
F. Fex-Scerscen
3438
14
La Muongia
3415
3122
Piz Malenco
3386
Il Chapütschin
3441
Piz Tremoggia
13
Tremoggiagletscher
ca. 2700
Fexgletscher
Fedacla
Piz Fora
Güzgletscher
1978
3363
Hotel
Brücke Alp Suot
3144
15
Fuorcla
Fex-Fedoz
1973
Curtins
Piz Güz

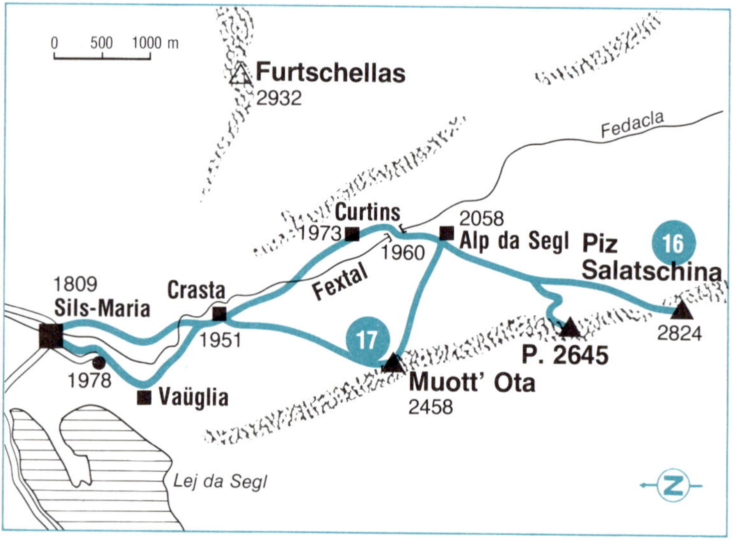
0 500 1000 m
Furtschellas
2932
Fedacla
Curtins
2058
1973
Alp da Segl
1960
Piz
16
Salatschina
Fextal
1809
Sils-Maria
Crasta
1951
2824
17
P. 2645
1978
Muott' Ota
2458
Vaüglia
Lej da Segl

Piz Fora, 3363 m

Der Piz Fora läßt sich auch aus dem Fex-Tal besteigen und wird auf dieser Route häufiger besucht als aus dem Fedoz-Tal. Dieser Anstieg ist auch etwas leichter. Kurz nach dem Überqueren des Baches bei 1978 m verlassen wir den Anstieg zum Piz Tremoggia, halten uns weiter rechts und steigen in südlicher Richtung zu P. 2301 und weiter zum Güz-Gletscher. Ohne besondere Schwierigkeiten (kaum Spalten) erreichen wir die Fex-Fedoz-Scharte (3144 m). Skidepot. Über unschwierige Felsen oder Firn zum Gipfel. Bei sehr sicheren Schneeverhältnissen kann man anstatt zur Scharte aufzusteigen 60 m tiefer, wie auf einer Rampe, queren und dann unmittelbar zum Gipfel ansteigen (steil, häufig Schneebrettgefahr).

K: Hm 1550, Ekm 12, Z 6. Skt 1a. Klt 0. Lg 1. Abf N.

Piz Salatschina, 2824 m

Hübscher Ski-Gipfel für Schlechtwettertage. Jänner bis April.

A: Sils-Maria (1809 m) bzw. Parkplatz Fex-Tal (1878 m).
K: Hm 1000, Ekm 5,5, Z 3,5. Skt 0. Klt 0. Lg 0. Abf N.
LK: 1277 (Piz Bernina) bzw. 268 (Julierpass).

Auf der Fahrstraße nach Fex-Crasta (1951 m) und weiter nach Curtins (1973 m). Nach einer Viertelstunde (bei Pt. 1978) über eine Brücke und zur Alp da Segl (2058 m). Über schöne Hänge, gelegentlich einigen Felsen ausweichend, auf den Gipfel. Skiläuferisch lohnender ist ein Vorgipfel des Piz Salatschina, der auf der Lk 1277 als Pt. 2645 (genauer: 2644,6) bezeichnet ist. Bei 2380 m („Stüvetta") nach rechts abzweigen und über mittelsteile Hänge auf den Gipfel.

Muott' Ota, 2458 m

Diese Kuppe läßt sich noch schneller erreichen (Z 2,5). In Fex-Crasta (1951 m) rechts abzweigen und durch einen schönen Lärchenwald (God Grand) und über freie Hänge auf den Gipfel. Die Abfahrt kann man auch zur Alp da Segl (2058 m) wählen und als zweiten Gipfel den Piz Salatschina besteigen. Die kurze Tour eignet sich auch, wenn man Kinder oder Tourenneulinge mitnehmen möchte, weil sie auch skitechnisch sehr leicht und kaum lawinengefährdet ist.

K: Hm 650, Ekm 3, Z 2,5. Skt 0. Klt 0. Lg 0. Abf NO.

TOURENBEREICH SILVAPLANA

Silvaplana (1815 m) ist dem Skiläufer vor allem durch die Corvatsch-Seilbahn bekannt. Ihre Gondeln bringen uns in zwei Teilstrecken bis in eine Höhe von 3300 m. Die Seilbahn ermöglicht eine Tagestour, die ihresgleichen sucht: eine Abfahrt über 600 Hm ins Roseg-Tal, einen kaum dreistündigen Aufstieg auf den **Chapütschin** (3366 m), dem eine großartige Abfahrt über 1600 Hm nach Sils-Maria folgt.

Der Chapütschin gehört natürlich zu den Bernina Alpen. Lohnende Touren weist aber auch die andere Talseite auf. An den Albula Alpen können wir von Silvaplana aus den **Piz Lagrev** (3164 m) und die **Albana-Scharte** (2870 m) ansteuern. Von der Scharte aus kann man spät im Jahr und bei besonders günstigen Bedingungen den **Piz Julier** (3381 m) besteigen. Für diese beiden Ziele wird meist Stradin (P. 2161) nahe der Julier-Pass-Straße als Ausgangspunkt vorgezogen. Da insbesondere der Piz Lagrev eine sehr beliebte Skitour geworden ist, hätte man mit Silvaplana als Ausgangspunkt einen großen Teil des Anstiegs (und der Abfahrt) mit weniger Tourenfreunden zu teilen.

Es versteht sich wohl von selbst, daß der Chapütschin kein „einsamer Skiberg" ist. Man sollte ihn möglichst nicht gerade an einem schönen Ostersonntag auf das Tourenprogramm setzen.

Auskünfte und Quartierbestellungen: Verkehrsbüro CH-7513 Silvaplana, Tel. 082-48151.

⑱ Il Chapütschin, 3386 m

Großartige Rundtour für standfeste Skiläufer. Februar bis Juni.

A: Silvaplana, Bergstation der Corvatsch-Seilbahn (3300 m).
K: Hm 700, Ekm 3, Z 2,5. Abfahrt über 2000 Hm, dadurch trotz des kurzen Aufstiegs anstrengend. Skt 1a. Klt 0. Lg 1. Geringe Spaltengefahr. Orientierung bei schlechter Sicht schwierig. Abf N, W.
LK: 1277 (Piz Bernina) bzw. 268 (Julierpass).

Von der Bergstation kurze Abfahrt auf der Piste. Bei etwa 3200 m verlassen wir die Piste nach rechts und suchen einen günstigen Übergang

→

Auf dem Weg zum ㊹ *Piz Muragl (3157 m), einem der beliebtesten Skiberge des Oberengadin. Der Berg im Hintergrund heißt schlicht Il Corn, „das Horn" (3128 m). Die Muragl-Standseilbahn verkürzt die Anstiege beträchtlich, liegt doch die Bergstation bereits bei 2453 m.*

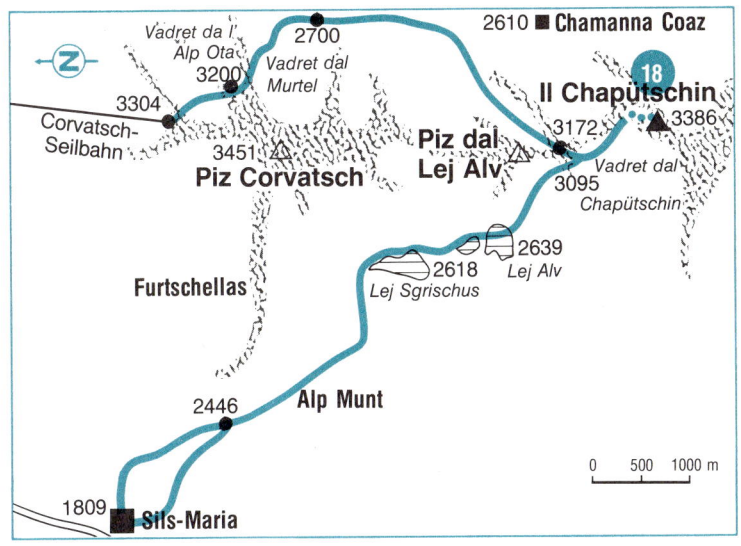

durch felsige Gratausläufer zum Vadret da l'Alp Ota und durch die nächsten Felsen zum Vadret dal Murtel (nur auf LK 1277 bezeichnet!). Die beiden Scharten, die man finden muß, sind meist mit einer Stange gekennzeichnet. Ein kurzes Stück leicht ansteigend queren, dann Richtung O abfahren (Vorsicht, einige Spalten!). Herrliche Hänge bis etwa 2700 m abfahren (Abrutschgefahr, wenn diese Hänge noch nicht aufgefirnt sind!). Anfellen und in Richtung S queren. Steile Mulde unterhalb des Piz dal Lej Alv. Durch sie zu einer Einschartung bei P. 3172. Wenige Meter hinunter zum Chapütschin-Gletscher. Über den sanften Gletscher zum Gipfelaufbau. Skidepot bei etwa 3300 m. Über steilen Firn oder leichte Felsen zum Gipfel.

Abfahren über den Gletscher bis zu einer Einschartung bei P. 3095. Großartige Steilhänge hinunter zum Lej Alv (2639 m). Flachstück. Nach dem Lej Sgrischus geht es bei P. 2606 eng und steil in einem Bachbett (Ova dal Munt) hinunter bis in eine Höhe von 2450 m.

Achtung: Höhenmesser beachten! Weitere Abfahrt, vom Gelände her verlockend, führt in felsige Steilhänge oberhalb des Fex-Tales!

←

Vor der Champagna-Scharte auf dem Anstieg zum **46** *Piz Vadret (3199 m).*

Nach rechts queren zu einer deutlichen Ebene (Alp Munt). Am Ende der Ebene gilt es, leicht ansteigend, einen Durchschlupf durch die Felsen zu finden (P. 2446). Nun sehen wir bereits rechts von uns den Pistenbetrieb und finden vielerlei Möglichkeiten, an seinem westlichen Rand zur Talstation der Furtschellas-Gondelbahn in Sils-Maria zu kommen. Mit dem Ski-Bus oder einem bereitgestellten PKW nach Silvaplana.

⑲ Piz Lagrev, 3165 m (von Osten)

Vielbesuchter Skiberg mit selten bestiegenem Gipfel. Jänner bis April.

A: Silvaplana (1815 m).
K: Hm 1350, Ekm 6,5, Z 4,5. Skt 1ab. Klt 0. Lg 1. Kaum Spaltengefahr. Abf N, NO.
LK: 1257 (St. Moritz) und 1256 (Bivio) bzw. 268 (Julierpass).

Vom Hotel Engadiner Hof am Südrand des Ortes in Richtung SO über mäßig geneigte, später etwas steilere Hänge zu P. 2324. Der Weiterweg zum Lej da la Tscheppa (2616 m) ist wieder gemütlicher. Knapp unterhalb einiger auffälliger Felsen steuern wir die Einsattelung P. 2798 an. Ohne Schwierigkeiten gelangen wir auf den Lagrev-Gletscher und steigen bis

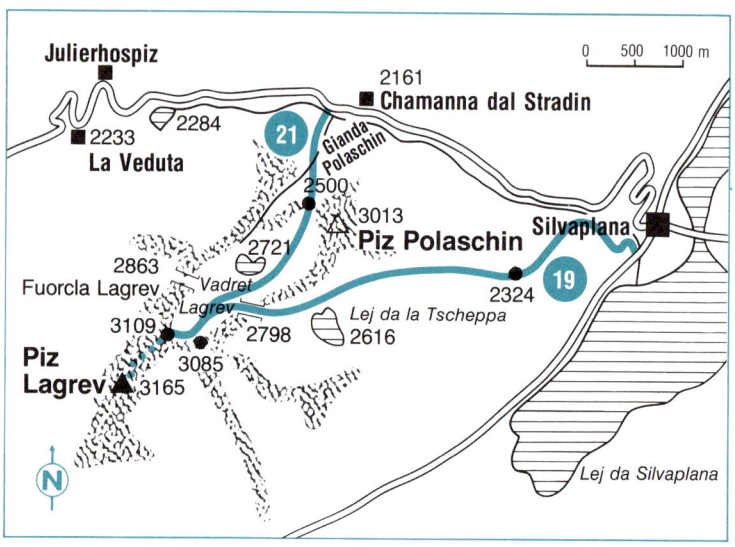

zu P. 3085 oder weiter zu P. 3109 an. Skidepot. Der Grat zum eigentlichen Gipfel ist fast eben und führt mit kleinen Auf- und Abstiegen unschwierig, mitunter aber mühsam, auf den Gipfel. Die meisten Tourenfreunde geben sich deshalb mit dem Vorgipfel zufrieden.

Piz Lagrev, 3165 m (von Norden) (21)

Hoher Genuß in Pulver und Firn. Februar bis Mai.

A: Chamanna dal Stradin (2161 m), 5 km von Silvaplana.
K: Hm 1000, Ekm 3,5, Z 3. Skt 1a. Klt 0 (mitunter mühsam). Lg 1. Kaum Spaltengefahr. Abf N, wahlweise auch O.
LK: 1256 (Bivio) und 1257 (St. Moritz) bzw. 268 (Julierpass).

Wir verfolgen den Lagrev-Bach bis in eine Höhe von 2400 m. Hier zweigen wir nach links ab und versuchen, nach dem steilen Hang (Lawinengefahr!) einen Durchschlupf durch die Felsmauer bei etwa 2500 m zu finden. Nach diesem anstrengenden Abschnitt geht es sanft zum Lagrev-Gletscher und über diesen (immer ziemlich genau Richtung S) zu P. 3085. Zumeist kann man mit Fellen noch bis zu P. 3109 weitersteigen. Skidepot. Ehrgeizige Gipfelstürmer haben einen langen Blockgrat vor sich, unschwierig, aber mitunter (vor allem bei Neuschnee) mühsam. Mitunter erfordern Wächten einige Vorsicht.

Aufgrund der kesselartigen und schattseitigen Lage des Gletschers gibt es meist herrlichen Pulverschnee. Interessant ist ein meterhoher Abbruch über einem Gletscherseee (2721 m). Feinschmecker fahren bei entsprechenden Schneeverhältnissen nicht unmittelbar zu diesem See, sondern queren in einer Höhe von 2800 m zur Lagrev-Scharte und finden dort bereits im Februar herrlichen Firn auf SO-Hängen. Ausgezeichnete Skifahrer können bei besonders sicheren Verhältnissen vom Gletschersee kerzengerade zur Gianda Polaschin abfahren (Skt 2).

Fuorcla Albana, 2870 m (20)

Firnvergnügen für gute Skiläufer. Februar bis April.

A: Silvaplana (1815 m) bzw. dritte Kehre der Julierpass-Straße (1930 m).
K: Hm 1050, Ekm 3,5, Z 3. Skt 1a. Klt 0. Lg 1. Abf SO.
LK: 1257 (St. Moritz) bzw. 268 (Julierpass).

Von der dritten Kehre der Pass-Straße über herrliche SO-Hänge zur Alp Secha und weiter zu den Felsen bei Pt. 2768. Entlang der steilen Flanke des Piz Albana, dessen SW-Grat auf einer schmalen Terrasse fast

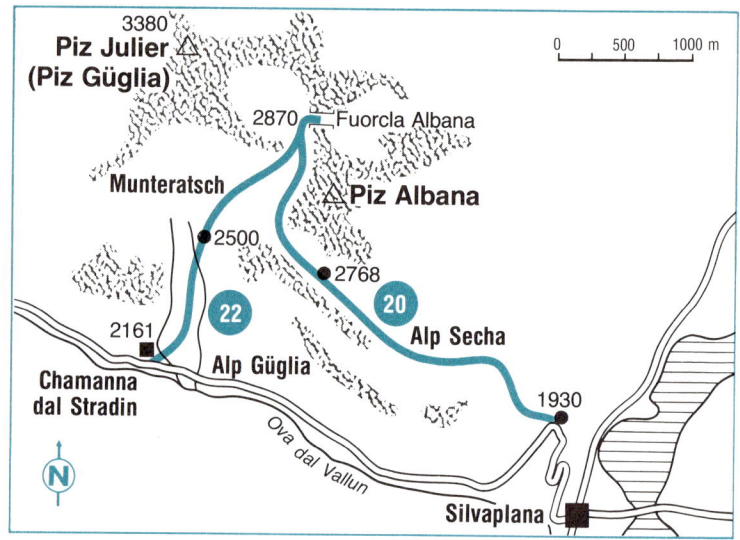

ohne Höhengewinn überschritten wird, nach Munteratsch. Über einen kurzen Steilhang zur Fuorcla Albana.

Spät im Jahr kann bei sehr günstigen Verhältnissen und entsprechender alpiner Erfahrung der **Piz Julier** (3380 m) über einen langen, teilweise ausgesetzten Grat und zuletzt über die Südflanke erstiegen werden. Der wuchtige dunkle Felsklotz, im Sommer leicht erreichbar, ist im Frühjahr ein sehr anspruchsvolles Ziel.

22 Piz Julier (Güglia), 3381 m

Für Skibergsteiger an Glückstagen. April bis Juni.

A: Chamanna dal Stradin (2161 m), 5 km von Silvaplana an der Pass-Straße.
K: Hm 1200 (davon mit Ski 700), Ekm 3,5 (mit Ski 2,5), Z 4 (mit Ski 2). Skt 1a. Klt 1. Lg 1. Abf SW, S.
LK: 1257 (St. Moritz) bzw. 268 (Julierpass).

Von Stradin leicht rechts haltend den steilen Südhang ansteigen, bis es deutlich verflacht („Munteratsch", etwa 2500 m). Hier schwenken wir in Richtung NO und erreichen (im letzten Teil steil) die **Fuorcla Albana**

40

(2870 m). Skidepot. Zuerst etwas links, dann rechts des Grates bis zu einer Schulter. Weiter über den Grat. Unterhalb eines Vorgipfels (3190 m), der nicht betreten wird, quert man in die steile Südflanke. Über diese Südflanke zum Gipfel. Seilsicherungen, die jedoch im Frühjahr teilweise unter dem Schnee liegen. Wenn Verhältnisse oder Können den Gipfelanstieg nicht erlauben: Die Abfahrt von der Albana-Scharte ist bei guten Schneeverhältnissen sehr lohnend.

*

TOURENBEREICH JULIERPASS

Die Berge rund um den **Julierpass** (2284 m) bilden eines der schönsten Tourengebiete der Schweiz. Der Pass ist von Silvaplana nach 7 km Fahrt erreicht. Die Straße ist ganzjährig befahrbar und wird nach jedem Schneefall rasch geräumt. Weganlagen im Tourenbereich fehlen weitgehend, deshalb werden die Gipfel im Winter viel häufiger besucht als im Sommer. Insbesondere rund um Ostern wimmelt es von Tourengehern aus der Schweiz und aus dem süddeutschen Raum. Die Weitläufigkeit des Geländes ermöglicht jedoch ungestörte Abfahrten, auch wenn man sich den Gipfel mit einem Dutzend von Tourenfreunden teilen mußte.

Unmittelbarer Ausgangspunkt für die Skitouren ist der Gasthof La Veduta (2233 m), der sich etwa 1 km nach der Passhöhe auf der Westseite des Passes, in Richtung Bivio, befindet.

Vom Pass nach Süden führen Touren auf **Piz d'Emmat Dadaint** (2927 m), **Piz d'Emmat Dadora** (2851 m) und auf den **Piz da las Coluonnas** (2786 m). An sonnseitigen Anstiegen, die bereits im Februar den schönsten Firn zeigen können, wären zu nennen der **Corn Suvretta** (3072 m) und der **Corn Chamuotsch** (3017 m), der **Piz Surgonda** (3197 m), der **Piz d'Agnel** (3205 m) und die **Tschima da Flix** (3316 m).

Auch der Zugang zur **Jenatsch-Hütte** (2652 m) des SAC erfolgt am besten vom Julierpass aus über die Fuorcla d'Agnel. Der Hüttenzustieg durch die Val Bever ist länger und im Hochwinter mitunter lawinengefährdet. Die Berge rund um die Jenatsch-Hütte können aber von leistungsfähigen Tourengehern auch ohne Nächtigung erreicht werden.

Für diese Personengruppe sind auch zwei überaus großzügige Durchquerungen zu empfehlen: Anstieg auf den **Piz Jenatsch** (3250 m) und Abfahrt nach Tinizong (1232 m), Anstieg auf den **Piz Laviner** (3137 m) und Abfahrt nach Preda (1789 m).

Alle Gipfel im Tourenbereich Julierpass gehören zu den Albula-Alpen.

Auskünfte und Quartiernachweis: Verkehrsbüro CH-7513 Silvaplana, Tel. 082-48151.

23 Piz da las Coluonnas, 2808 m und 2960 m

Mini-Tour für Ankunfts- oder Abfahrtstag. Februar bis Mai.

A: La Veduta (2233 m), 1 km nach der Passhöhe.
K: Hm 700, Ekm 2,5, Z 2. Skt 1a. Klt 0. Lg 1. Abf S, N.
LK: 1256 (Bivio) bzw. 268 (Julierpass).

Von La Veduta geht es ziemlich flach in Richtung S zu P. 2449 oberhalb des Leg Grevasalvas. Leicht links haltend queren wir den steilen Hang (Vorsicht!) zu P. 2633 und schwenken dann nach N ein. Über den steilen S-Hang erreichen wir den Westgipfel (2808 m), etwas rechts haltend den höheren Ostgipfel (2960 m).

24 Piz d'Emmat Dadora, 2851 m

Kurze Tour zur Orientierung nach der Ankunft im Tourenbereich. Februar bis Mai.

A: La Veduta (2233 m), 1 km nach der Passhöhe.
K: Hm 600, Ekm 3,5, Z 2. Skt 1b. Klt 0. Lg 1. Abf NO.
LK: 1256 (Bivio) bzw. 268 (Julierpass).

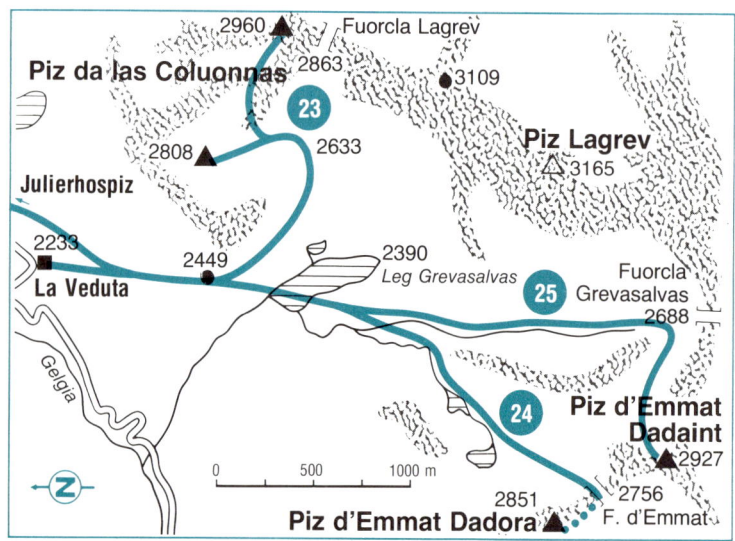

Von La Veduta Richtung S zu P. 2449 und hinab zum Leg Grevasalvas (2390 m). Unmittelbar nach dem See nach rechts abzweigen (Richtung SO). In einer guten halben Stunde zur Fuorcla d'Emmat (2756 m). Skidepot. Über den Südgrat (kurze Steilstufe!) auf den Gipfel. Vom Gipfel hat man eine gute Übersicht über den Tourenbereich des Julierpasses.

Piz d'Emmat Dadaint, 2927 m

Nach dem Leg Grevasalvas etwas rechts halten und dem Flußlauf bis knapp unter die Grevasalvas-Scharte folgen. Hier ist bereits LK 276 (Val Bregaglia) erforderlich. In einer Höhe von etwa 2600 m nach rechts abzweigen und über den steilen Osthang zum Gipfel. Dieser Osthang ist leider der einzige skiläuferische Höhepunkt dieser Tour. Dennoch wird der Gipfel von dieser Seite wesentlich häufiger bestiegen als von der skiläuferisch reizvollen Südseite. Route ④ .
K: Hm 700, Ekm 4, Z 2,5. Skt 0. Klt 0. Lg 0. Abf O, N.

Corn Suvretta, 3072 m

Leicht erreichbares Ziel für Schlechtwettertage. Jänner bis Mai.

A: Alp Güglia (2196 m), 2 km vor der Passhöhe.
K: Hm 900, Ekm 4, Z 3. Skt 0. Klt 0. Lg 1. Abf SW, S.
LK: 1256 (Bivio) bzw. 268 (Julierpass).

Die Orientierung ist einfach. Man folgt dem Güglia-Tal bis in eine Höhe von 2700 m, zweigt dann nach O ab und erreicht über einen steilen S-Hang den Gipfel.

Corn Chamuotsch, 3017 m

Das „Gamshorn" erreichen wir, indem wir in einer Höhe von 2600 m vom beschriebenen Anstieg nach rechts abzweigen und steil nach O, später nach NO zur Fuorcla Güglia (2891 m) ansteigen. Von hier erreicht man in 20 Minuten den Corn Chamuotsch. Wer Wert auf eine genaue Karte legt, braucht dafür zusätzlich LK 1257 (St. Moritz). Bei den Einheimischen war es früher beliebt, von der Güglia-Scharte durch das Suvretta-Tal nach Champfèr abzufahren und damit die Fahrt zur Rundtour auszuweiten. Davon ist heute eher abzuraten, weil man bereits nach 300 Hm in den Skizirkus von St. Moritz einzweigt (Abfahrt vom Piz Nair).
K: Hm 800, Ekm 3,5, Z 2,5. Skt 0. Klt 0. Lg 1. Abf SW, S.

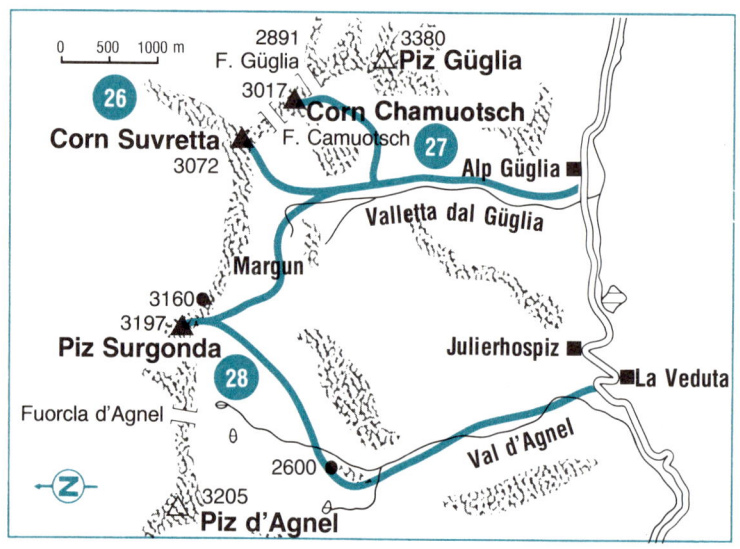

Piz Surgonda, 3197 m

Großartige Rundtour, auch für Anfänger geeignet. Jänner bis Mai.

A: Alp Güglia (2196 m), 2 km vor der Passhöhe.
K: Hm 1000, Ekm 4,5, Z 3,5. Skt 0. Klt 0. Lg 0. Bei schlechter Sicht Orientierung im obersten Teil schwierig. Abf SW, S.
LK: 1256 (Bivio) bzw. 268 (Julierpass).

Durch das Güglia-Tal bis in eine Höhe von 2700 m. Nun geht es recht unübersichtlich über Kuppen und durch Mulden („Margun"), zuletzt ziemlich steil über einen Vorgipfel (P. 3160) und über den Grat weiter zum Piz Surgonda. Die Abfahrt ist natürlich auf dem Anstiegswege möglich. Reizvoller ist eine Rundtour. Dazu fährt man vom Vorgipfel (P. 3160) nach SW zur Val d'Agnel ab. Den Felsabbrüchen in Höhe von 2600 m weichen wir nach rechts aus und fahren gewissermaßen von West her in die Val d'Agnel ein. Man erreicht die Pass-Straße bei La Veduta, 1 km nach der Passhöhe. Mit dem Autobus oder einem vorsorglich abgestellten Auto zurück zum Ausgangspunkt (3 km).

29 Tschima da Flix, 3302 m

Tour der Superlative: Pulver, Firn und zwei Dreitausender. Februar bis Mai.

A: La Veduta (2233 m), 1 km nach der Passhöhe.
K: Hm 1600 (mit Gegenanstiegen), Ekm 10, Z 5,5. Skt 0. Klt 0. Lg 0. Kaum Spalten. Abf NO, S.
LK: 1256 (Bivio) bzw. 268 (Julierpass).

Von La Veduta 300 m in Richtung Bivio, bis die Straße eine scharfe Linkskurve beschreibt. Im Agnel-Tal aufwärts. Sperrende Felsen bei etwa 2600 m links umgehen, weiter zur Agnel-Scharte (2984 m). Geringfügiger Abstieg zum Agnel-Gletscher, dann scharf nach W zur Fuorcla da Flix (3065 m). Über den oft abgewehten Rücken auf den Gipfel. Bei der **Abfahrt** über den Calderas-Gletscher im wesentlichen rechts halten. Wegen der windgeschützten Nordlage meist guter Pulverschnee. Dem Talbecken bis zur **Jenatsch-Hütte** (2652 m) folgen. Man kann den Höhenverlust geringer halten, wenn man sich schon ab 2700 m mehr nach rechts in der Nähe der Felsen hält. In etwa 2500 m stößt man in diesem Falle auf die Spur, die von

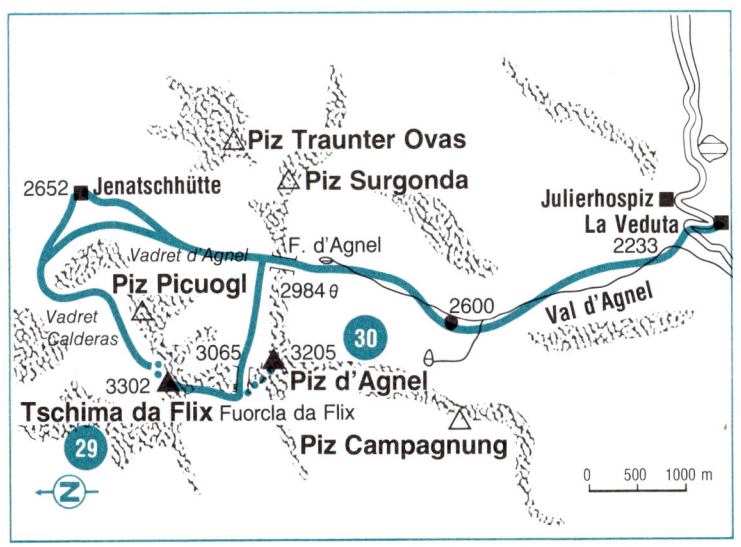

45

der Hütte her kommt. Anfellen. In einer Stunde hinauf zur Agnel-Scharte. Wegen der Länge der Tour hat die nun folgende rein südseitig gelegene Abfahrt häufig Sumpf statt Firn aufzuweisen.

30 Piz d'Agnel, 3205 m

Gipfelsammler können bei dieser Rundtour ohne Schwierigkeiten diesen Berg „mitnehmen". Skidepot bei der Fuorcla da Flix (3065 m). Über den unschwierigen Grat in einer halben Stunde auf den Piz d'Agnel. Als selbständige Tour:
K: Hm 1100, Ekm 7, Z 3,5. Skt 0. Klt 0. Lg 0. Abf O, S.

31 Piz Laviner, 3137 m

Die Eisenbahn macht's möglich. Februar bis Mai.

A: La Veduta (2233 m), 1 km nach dem Julierpass.
K: Hm 1300, Ekm 8, Z 5. Skt 1ab. Klt 0. Lg 1. Kaum Spaltengefahr. Anstrengend. Abf N.

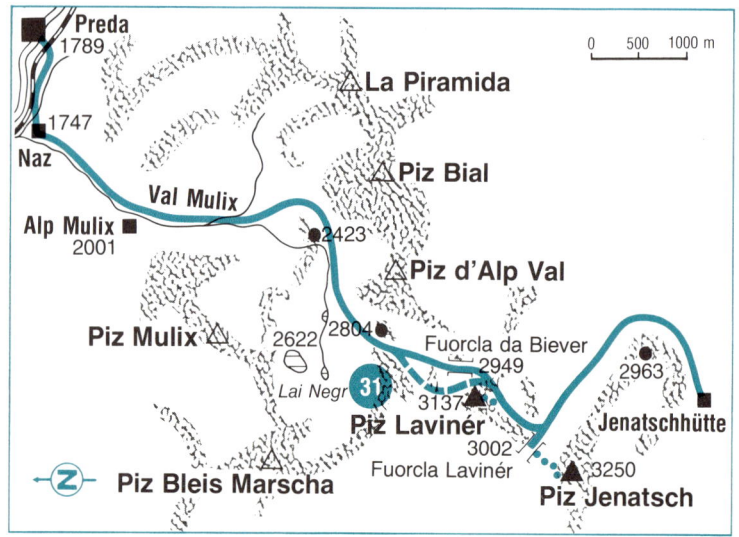

LK: 1256 (Bivio) und 1237 (Albulapass) bzw. 268 (Julierpass) und 258 (Bergün).

Von La Veduta (2233 m) 300 m in Richtung Bivio bis zu einer scharfen Linkskurve. Durch das Agnel-Tal zur Agnel-Scharte (2983 m). Abfahrt über den Gletscher und kurzer Gegenanstieg zur Jenatsch-Hütte (2652 m). In einem weiten Bogen um die südöstlichen Ausläufer des Piz Jenatsch zum Laviner-Gletscher und bis knapp unter die Laviner-Scharte. Fast eben zum Piz Laviner queren, bis man eine deutliche Rinne sieht, die vom Gipfel herabzieht. So weit wie möglich in dieser Rinne hinaufsteigen. Skidepot. Je nach den Schneeverhältnissen über steilen Firn oder unschwierige Felsen zum Gipfel. Die Abfahrt führt vom Skidepot zunächst zur Furcla da Biever (2949 m) und über einen spaltenlosen Gletscher zum Felsabbruch bei P. 2804. — Gute Skiläufer können sich weiter links halten und zu der von P. 3052 nach O ziehenden Felsrippe queren. Anschließend Abfahrt durch eine steile Mulde (in der Skizze strichliert eingezeichnet). Gleichfalls zu dem Felsabbruch bei P. 2804. Nach rechts in die enge und steile Schlucht und hinunter bis in eine Höhe von 2500 m. Eine Weiterfahrt ist durch Felsabbrüche gesperrt. Mit möglichst wenig Höhenverlust nach rechts queren, bis man zur Alp Mulix abfahren kann. **Vorsicht:** Die Hänge, die gequert werden müssen, sind sehr steil! Bei der Almhütte (2001 m) nicht den Karrenweg verfolgen, sondern durch Waldschneisen und lichten Wald am rechten Ufer des Mulix-Baches nach **Naz** (1747 m) abfahren. Über den flachen Talboden in 20 Minuten zur Bahnstation nach **Preda** (1789 m). Mit der Bahn durch den Albula-Tunnel zurück nach Samedan und mit dem Taxi oder einem bereitgestellten PKW zum Julierpass (44 km).

Piz Jenatsch, 3250 m

Aussichtsreicher Gipfel mit einer Riesenabfahrt. Februar bis Mai.

A: La Veduta (2233 m), 1 km nach der Passhöhe.
K: Hm 1400, Ekm 8, Z 5,5. Skt 1ab. Klt 1e. Lg 1. Kaum Spaltengefahr. Sehr anstrengend. Abf NW.
LK: 1256 (Bivio) und 1236 (Savognin) bzw. 268 (Julierpass) und 258 (Bergün).

Auf der Straße 300 m in Richtung Bivio bis zu einer scharfen Linkskurve. Durch das Agnel-Tal zur Fuorcla d'Agnel (2983 m). Abfahrt über den Gletscher und kurzer Gegenanstieg zur Jenatsch-Hütte (2652 m). Von der Hütte in einem weiten Bogen um die südöstlichen Ausläufer des Piz Jenatsch („Crasta Jenatsch", P. 2963) und weiter zum Laviner-Gletscher. Skidepot bei der Laviner-Scharte (3002 m). Über den NO-Grat steil auf

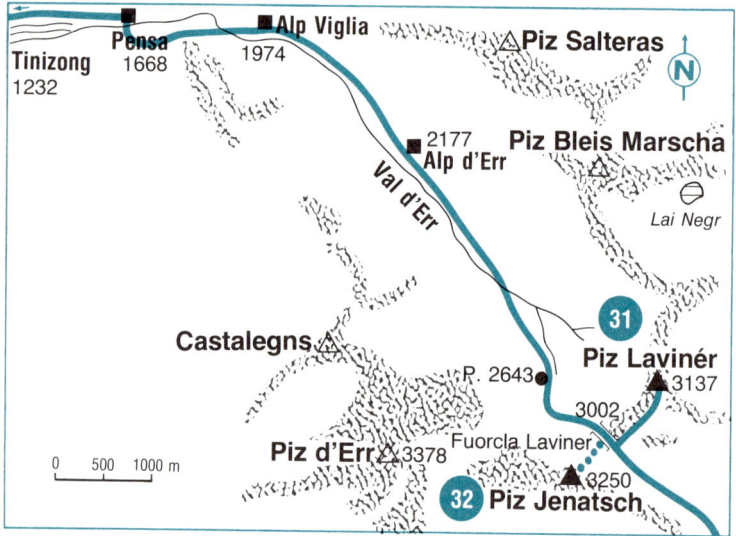

den Gipfel (meist gute Stapfen). Sehr gute Skiläufer tragen die Ski auf den Gipfel und fahren die NO-Flanke ab (40 Grad). Die Riesenabfahrt nach **Tinizong** (1232 m) durch die Val d'Err beginnt auf der Laviner-Scharte (3002 m).

Die Abfahrt bleibt auch dann noch großartig, wenn man aufgrund der Schneeverhältnisse nur bis **Pensa** (1668 m) abfahren kann. Die Orientierung ist einfach. Von der Scharte über den Err-Gletscher, zuerst links, dann etwas rechts haltend zu P. 2643 und weiter über völlig freie Hänge in den Talboden. Flach zur Alp Viglia (1974 m). Links halten und oberhalb der schluchtartigen Steilstufe des Baches in einer Höhe von 1880 m leicht abwärts queren, bis sich eine gut befahrbare Schneise in Richtung Pensa öffnet. Ab Pensa zum Teil auf der Fahrstraße, meist jedoch links davon nach Tinizong. Mit bereitgestelltem PKW zurück zum Julierpass (24 km). (Autobus nur bis Bivio!)

*

TOURENBEREICH JENATSCH-HÜTTE, 2652 m

Die Jenatsch-Hütte des SAC ist ein ausgezeichnetes Tourengebiet und erschließt den Zugang zu zahlreichen schönen Gipfeln der Albula Alpen. Die Hütte ist zu den „Hoch-Zeiten" des Tourenskilaufs bewartet, vor allem also um Ostern und Pfingsten. Insbesondere wenn man mit einer größeren Gruppe unterwegs ist, empfiehlt sich eine rechtzeitige Anmeldung bei der Sektion Bernina (Anschrift: CH-7504 Pontresina).

Der Hüttenanstieg erfolgt von **Spinas** aus, unmittelbar vor dem Eingang zum Albula-Tunnel der Rhätischen Bahn. Der vierstündige Aufstieg durch die Val Bever ist nicht immer lawinensicher. Skitouristen ziehen es meist vor, von La Veduta, 1 km nach dem Julierpass, durch die Val d'Agnel zur Agnel-Scharte aufzusteigen (2,5 Stunden) und zur Hütte abzufahren.

Als Gipfelziele, die von der Hütte in kurzen Anstiegen erreichbar sind, kommen in Frage **Piz d'Agnel** (3205 m), **Tschima da Flix** (3316 m), **Piz Picuogl** (3333 m), **Piz Calderas** (3397 m), **Piz d'Err** (3378 m), **Piz Jenatsch** (3251 m), **Piz Laviner** (3137 m), **Piz Traunter-Ovas** (3151 m).

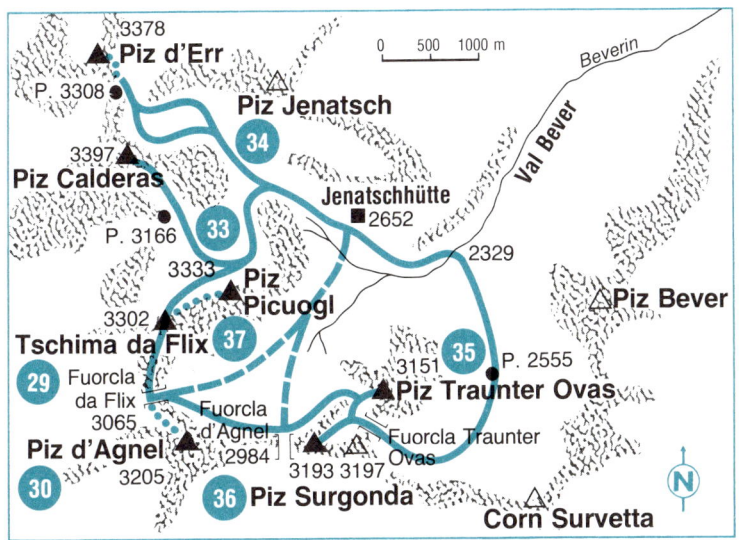

Die Anstiegszeiten liegen zumeist bei 2 Stunden. Man kann also mühelos an einem Tag zwei Gipfel besteigen. Die Anstiege auf mehrere Gipfel wurden bereits beschrieben bzw. können sinngemäß übernommen werden: Routen ㉙ , ㉚ , ㉛ , ㉜ . Anstiege auf weitere Gipfel und eine Rundtour werden nachfolgend beschrieben.

㉝ Piz Calderas, 3397 m

Auf den höchsten Gipfel im Hüttenbereich. Februar bis Juni.

A: Jenatsch-Hütte des SAC (2652 m).
K: Hm 800, Ekm 4, Z 2,5. Skt 0. Klt 0. Lg 0. Kaum Spaltengefahr. Abf SO und N.
LK: 1256 (Bivio) bzw. 268 (Julierpass).

Von der Hütte in Richtung NW ansteigen, bei 2700 m nach links zum Calderas-Gletscher abbiegen. Wegen der mächtigen Spalten links halten (östlicher Gletscherrand). In einer Höhe von knapp 3100 m beginnt der flache Gletscherboden. Hier scharf nach rechts und genau auf den Piz Calderas zu (Richtung NW). Über ein kurzes Steilstück zu P. 3166 und weiter zum Ostgrat, den man in einer Höhe von 3320 m erreicht. Bei günstigen Verhältnissen mit Ski bis auf den Gipfel.

㉞ Piz d'Err, 3378 m

Von der Hütte in Richtung NW ansteigen. Verhältnismäßig steil hinauf zum Err-Gletscher. Auch der Gletscher ist im mittleren Teil ziemlich steil. Auf dem flachen oberen Gletscherbogen zu P. 3308 und in die Firnmulde östlich des Gipfels. Skidepot. Über den kurzen SO-Grat zum höchsten Punkt.

㉟ Piz Traunter-Ovas, 3151 m, und weitere Gipfel

Großzügige Rundtour für Gipfelsammler. Jänner bis Juni.

A: Jenatsch-Hütte des SAC (2652 m).
K: Hm 1400 (mit Gegenanstiegen), Ekm 6 (nur Aufstiege), Z 5 (nur Aufstiege). Skt 1a. Klt 1. Lg 0. Kaum Spaltengefahr. Durch den häufigen Wechsel von Aufstieg und Abfahrt zeitraubend und anstrengend. Abf NW, N.
LK: 1256 (Bivio) bzw. 268 (Julierpass).

Kurze Abfahrt in die Val Bever (Richtung SO). Bei P. 2329 mündet der Traunter-Ovas-Bach. Wir gehen Richtung Talschluß (P. 2555) und in weitem Bogen über den Traunter-Ovas-Gletscher zur gleichnamigen Scharte. Von hier unschwierig auf den **Piz Traunter-Ovas** (3151 m).

Piz Surgonda, 3193 m (Westgipfel) ㊱

Ebenfalls von der Scharte wird unschwierig der Westgipfel des Piz Surgonda erreicht. Von ihm fahren wir zum Agnel-Gletscher ab (rechts halten), queren in einer Höhe von 2900 m in Richtung Agnel-Scharte. Unterhalb der Scharte schwenken wir nach W und steuern die Fuorcla da Flix an. Skidepot. In einer halben Stunde auf den **Piz d'Agnel** (3205 m) Route ㉚

Piz Picuogl, 3333 m ㊲

Von der Fuorcla da Flix (3065 m) wie bei Route ㉙ beschrieben, auf die **Tschima da Flix** (3316 m). Heute steigen wir aber weiter auf dem SW-Kamm in leichtem Auf und Ab bis zum Piz Picuogl, dem fünften und letzten Dreitausender an diesem gipfelreichen Tag. Zurück zur Tschima da Flix. Abfahrt über den Calderas-Gletscher zur Jenatsch-Hütte.

Wenn es das Wetter nicht erlaubt oder die Kondition nicht ausreicht, läßt sich diese Tour selbstverständlich auch vorzeitig abbrechen: Bei der Traunter-Ovas-Scharte mit Abfahrt auf der Anstiegsspur, bei der Agnel-Scharte oder der Fuorcla da Flix mit Abfahrt über den Agnel-Gletscher. Diese Abfahrtsmöglichkeiten sind in der Skizze strichliert eingezeichnet. (Anmerkung: Die Abfahrt über den Calderas Gletscher ist allerdings unvergleichlich schöner!)

Routenskizze siehe Seite 50!

*

TOURENBEREICH ST. MORITZ, 1856 m

St. Moritz (1856 m) liegt am Berghang auf der linken Seite des Inn, **St. Moritz-Bad** (1752 m) im Talboden. Ein Wintersportplatz von Weltruf: 60 Bergbahnen und Lifte, rund 400 km Pisten, 150 km Loipen, und alles was sonst noch an Attraktionen des Fremdenverkehrs denkbar ist.

St. Moritz ist aber auch Ausgangspunkt für Skitouren in den Albula Alpen und in den Bernina Alpen. **Piz Surgonda** (3197 m) und **Piz Ot** (3246 m) lassen sich mit Lifthilfe erreichen. Sie bieten schier endlose Abfahrtsfreuden bei geringer Anstiegsmühe, sind aber an schönen Sonntagen etwas überlaufen. Einsame alpine Hochtouren, anspruchsvoll und von beachtlicher Länge, bieten in den Bernina Alpen **Piz San Gian** (3134 m), **Piz Rosatsch** (3123 m) und **Piz Mezdi** (2992 m). Wer es gemütlicher liebt, begnügt sich mit dem **Piz da l'Ova Cotschna** (2716 m).

Für einen ausgesprochenen Schlechtwettertag oder nach einer kurzen Skitour ist der Besuch des **Engadiner Museums** in St. Moritz empfehlenswert. Es enthält eine bedeutende kulturhistorische und volkskundliche Sammlung. Lohnend ist auch ein Besuch der **Kirche San Gian** im nur 3 km entfernten Celerina, einer bedeutenden romanischen Saalkirche aus dem 11. und 12. Jahrhundert mit einer sehenswerten spätgotischen Wandmalerei.

Information und Quartiernachweis: Verkehrsbüro CH-7500 St. Moritz, Tel. 082-33147.

38 Piz Surgonda, 3197 m (Ostgipfel)

Viel Abfahrtsfreude bei geringer Anstiegsmühe. Jänner bis April.

A: St. Moritz bzw. Bergstation Piz Nair (3057 m).
K: Hm 700, Ekm 4 (im Aufstieg). Z 2,5. Abfahrt im günstigsten Fall 1800 Hm! Skt 0. Klt 0. Lg 1. Abf SO, S.
LK: 1257 (St. Moritz) und 1256 (Bivio) bzw. 268 (Julierpass).

Zwei Teilstrecken mit der Corviglia-Standseilbahn. Anschließend Luftseilbahn zum **Piz Nair** (3057 m). Pistenabfahrt zum Lej Suvretta (2602 m). Ab hier Anstieg mit Fellen zunächst Richtung W zu P. 2890 (Lejets da Cuolms) und nach rechts zur Suvretta-Scharte (irrtümlich als „Fuorcla Traunter-Ovas" bezeichnet). Kurze Abfahrt zum Traunter-Ovas-Gletscher. In einer Höhe von 2900 m den Gletscher leicht ansteigend querend zur Traunter-Ovas-Scharte (nicht kotiert, etwa 3050 m). Zur tiefsten Einschartung zwischen Westgipfel (3193 m) und Hauptgipfel (3197 m). Über Firn oder unschwierige Felsen auf den Piz Surgonda.

Bei der Abfahrt verfolgen wir den Grat bis P. 3160. Nun zuerst über einen steilen Hang, dann über Kuppen und durch Mulden („Margun") in das Güglia-Tal. Dieses Tal wird bis zur Pass-Straße (2200 m) verfolgt. Genießer beenden hier die Abfahrt und steigen in einen bereitgestellten PKW um. Wer alle möglichen Abfahrtsmeter auskosten möchte, muß eine Stunde

$\rightarrow$

Das Bild wurde auf dem Anstieg zum **57** *Piz Albris (3166 m) durch die lange Val Languard aufgenommen. Ab April, wenn die Skilifte von Pontresina den Anstieg nicht mehr verkürzen, ist die Tour wenig begangen. Wenn guter Firn zu erwarten ist, besteigt man den Piz Albris besser über* **89** *von Süden (Ausgangspunkt Bernina Suot).*

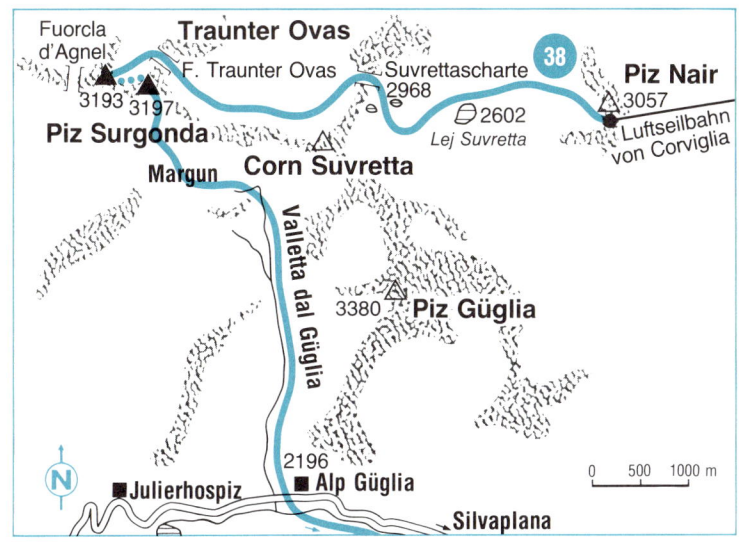

lang kräftig anschieben. Erst oberhalb von Silvaplana, bei P. 2055, wird es steiler. Wir folgen nicht mehr der Pass-Straße, sondern bleiben rechts von der Ova dal Vallun. Zurück nach St. Moritz mit dem Sportbus, der in Silvaplana bei der Post wegfährt. Er verkehrt halbstündlich.

Piz Ot, 3246 m

Pistentrubel und Gipfeleinsamkeit. Februar bis April.

A: St. Moritz bzw. Bergstation **Piz Nair** (3057 m).
K: Hm 800, Ekm 3, Z 2,5 (für Aufstieg). Abfahrt über 1800 Hm. Skt 1a. Klt 2e. Lg 1. Abf O, SO.
LK: 1257 (St. Moritz bzw. 268 (Julierpass).

Von St. Moritz mit der Standseilbahn nach Corviglia. Anschließend Luftseilbahn zum **Piz Nair** (3057 m). Queren zu P. 2990 und im Steilhang

←

Auf dem Weg zum ⑥⁴ *Piz Chalchagn (3154 m). Man sieht (von links) die drei Gipfel des* ⑧⁵ *Piz Palü (3905 m), die* ⑧⁷ *Bellavista (3804 m), den* ⑧³ *Piz Zupò (3996 m), den* ⑧² *Piz Argient (3945 m) und (ganz rechts) den* ⑧¹ *Piz Bernina (4049 m).*

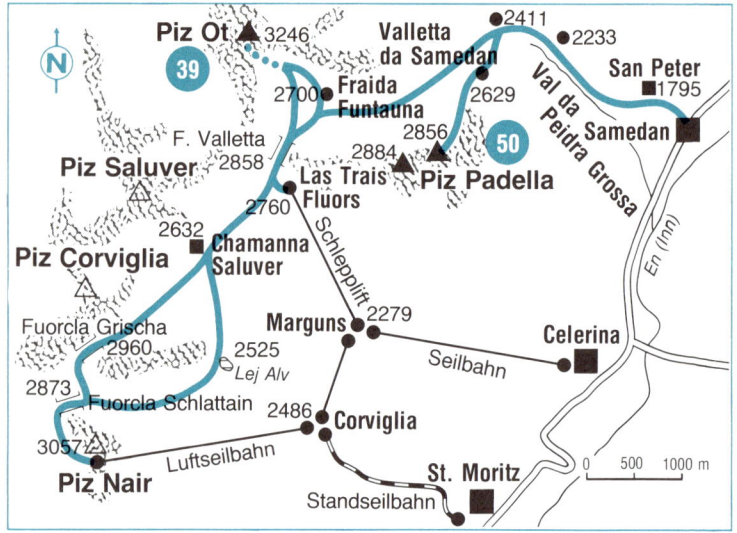

leicht abwärts zur **Schlattain-Scharte** (2873 m). Ein kurzes Stück über einen Rücken zur Grischa-Scharte (etwa 1960 m). Zuerst steile, dann eher flache Abfahrt zur Chamanna Saluvèr (2631 m). Eine andere Möglichkeit besteht darin, von der Schlattain-Scharte zum Lej Alv abzufahren und zur Chamanna Saluvèr aufzusteigen (Stärker befahrene Piste. Nicht kürzer.). Mit Fellen zur **Fuorcla Valletta** (2858 m). Bei sicheren Verhältnissen Querung durch einen felsdurchsetzten Steilhang in einen weiten Kessel unter dem Piz Ot („Botta Naira"). Sonst Abfahrt bis zu einer auf beiden Karten eingezeichneten Quelle („Funtauna Fraida") bei 2700 m. Der Aufstieg in dem erwähnten Kessel wird immer steiler. Am Beginn einer noch steileren Rinne Skidepot (etwa 3100 m). Durch diese Rinne zum Gipfel.

Sehr steil, bei Hartschnee gefährlich — Pickel und Steigeisen erforderlich! Vom Skidepot über herrliche Steilhänge in die Valletta da Samedan. Flach, aber ohne Schieben bis zu P. 2411. Dem hier beginnenden Tälchen bis nach **Samedan** (1721 m) folgen. Mit Autobus oder bereitgestelltem PKW nach St. Moritz.

Mit weniger Auf und Ab verläuft die Tour, wenn man von **Celerina** (1724 m) mit der Seilbahn nach **Marguns** (2279 m) fährt und von dort in einer knappen Anstiegsstunde bei der Chamanna Saluvèr (2632 m) in die vorhin beschriebene Route einzweigt. Wer eine Tageskarte besitzt, kann von Marguns auch mit dem Schleiflift bis auf 2760 m fahren („Las Trais

Fluors") und ist dann in einer Viertelstunde auf der Fuorcla Valletta (2858 m). Einzelkarten werden bei den Schleppliften nicht abgegeben.

Piz San Gian, 3134 m

Für Liebhaber steiler Hänge. März bis Mai.

A: St. Moritz-Bad (1724 m).
K: Hm 1400, Ekm 4, Z 4,5. Skt 2a. Klt 0. Lg 2. Abf N.
LK: 1257 (St. Moritz) bzw. 268 (Julierpass).

Vom Hotel Stahlbad auf einem Waldweg eine Viertelstunde in Richtung NO. In einer großen Lawinenrinne („Laviner Grand") zu P. 2159 und in zunehmender Steilheit weiter zu P. 2632. Die folgende Querung eines Steilhanges zum Rosatsch-Gletscher kann heikel sein. Über den Gletscher zu einer Schulter an seiner westlichen Begrenzung (P. 3005) und über einen unschwierigen Grat auf den erstaunlich geräumigen Gipfel. Ausgezeichnete Skifahrer schnallen bei sicheren Schneeverhältnissen auf dem Gipfel an und fahren über den sehr steilen Gletscherhang ab: Keine Spalten, aber Felsköpfe und Schneebrettgefahr.

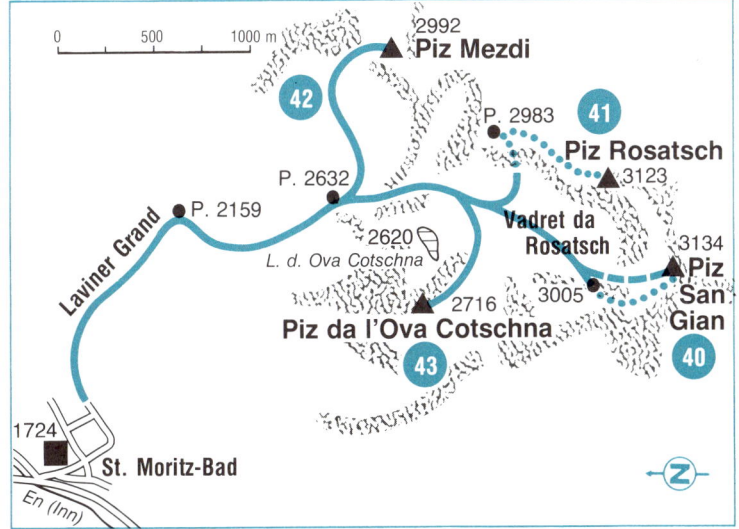

41 Piz Rosatsch, 3123 m

Diesen Gipfel erreicht man, wenn man sich von der Gletschermulde mehr am östlichen Rand des Gletschers hält und zu P. 2983 aufsteigt. Über unschwierigen Felsen zu Fuß auf den Gipfel. Skt 1a.

42 Piz Mezdi, 2992 m

Bei P. 2632, also noch vor der mitunter unangenehmen Querung, kann man Richtung O abzweigen und mit Ski ohne Schwierigkeiten bis auf den Gipfel gelangen. Alle drei Gipfel zeichnen sich durch eine großartige Nahsicht auf die Hauptgipfel der Bernina-Gruppe aus.

K: Hm 1300, Ekm 3, Z 4. Skt 1a. Klt 0. Lg 2. Abf W, N.

43 Piz da l'Ova Cotschna, 2716 m

Dieser Berg bietet sich bei Schlechtwetter oder unzureichender Kondition als Ausweichziel an. Es ist ein unbedeutender Vorgipfel, den man nach der erwähnten Querung in einem weiten Rechtsbogen erreicht. Eine Viertelstunde vom kleinen See (Lej da l'Ova Cotschna).

K: Hm 1000, Ekm 3, Z 3,5. Skt 1a. Klt 0. Lg 2. Abf N.

*

TOURENBEREICH SAMEDAN (1721 m)

Samedan ist ein günstiger Stützpunkt für Skitouren. Ganz nahe liegen die wichtigsten Bergbahnen des Oberengadins, aber auch hochgelegene Ausgangspunkte wie Malojapass, Julierpass und Berninapass.

Zu den Livigno Alpen gehören die Gipfel, die von der Bergstation der Standseilbahn Muragl erreichbar sind: die viel besuchten **Piz Muragl** (3157 m) und **Piz Clüx** (3128 m), die einsameren und anspruchsvolleren **Piz Vadret** (3199 m) und **Piz da las Sterlas** (Nordgipfel 3169 m). Die Ziele in den Albula Alpen sind — ausgenommen **Piz Padella** (Ostgipfel 2856 m) — sehr alpin. Die eigentlichen Ausgangspunkte kann man nur mit der Rhätischen Bahn erreichen, weil die Albula-Pass-Straße bis zum Juni gesperrt ist: **Piz Salteras** (3111 m), **Piz Laviner** (3137 m), **Piz d'Alp Val** (3053 m), **Piz Blejs Marscha** (3128 m), **La Piramida** (2964 m) und **Igl Compass** (3016 m).

Auskunft und Zimmernachweis: Verkehrsbüro CH-7503 Samedan, Tel. 082-65432.

Piz Muragl, 3157 m

Familienberg an schönen Sonn- und Feiertagen. Jänner bis April.

A: Talstation der Muragl-Standseilbahn (1738 m), 3 km von Samedan in
Richtung Pontresina.
K: Hm 800 (durch Aufstiegshilfe), Ekm 5, Z 3. Skt 0. Klt 0. Lg 0. Keine
Spaltengefahr. Abf N, SW (insgesamt Hm 1400).
LK: 1257 (St. Moritz) bzw. 268 (Julierpass).

Von der Bergstation Muottas Muragl (2453 m) auf dem Höhenrücken zur
Fuorcla dal Mort (2729 m). Kurze Abfahrt (Abfellen lohnt nicht) zum
Lej Muragl (2713 m). In angenehmer Steilheit zum Gletscher. Nach einer
Steilstufe etwas rechts halten und bis dicht unter die Gipfelfelsen ansteigen.
Skidepot. Unschwierig in wenigen Minuten auf den Gipfel. Die Abfahrt
führt über den schattseitig und windgeschützt gelegenen Gletscher (meist
guter Pulverschnee!) bis zum Lej Muragl (2713 m). Nun durch das Muragl-
Tal, wobei man häufig zwischen Pulver (auf der linken Talseite) und Firn
(auf der rechten Talseite) wählen kann. Bei der Tegia Muragl (2092 m) nach
SW abbiegen und wenig später in die Piste einzweigen. Zuerst durch schütteren Wald, dann über freie Wiesen zur Talstation.

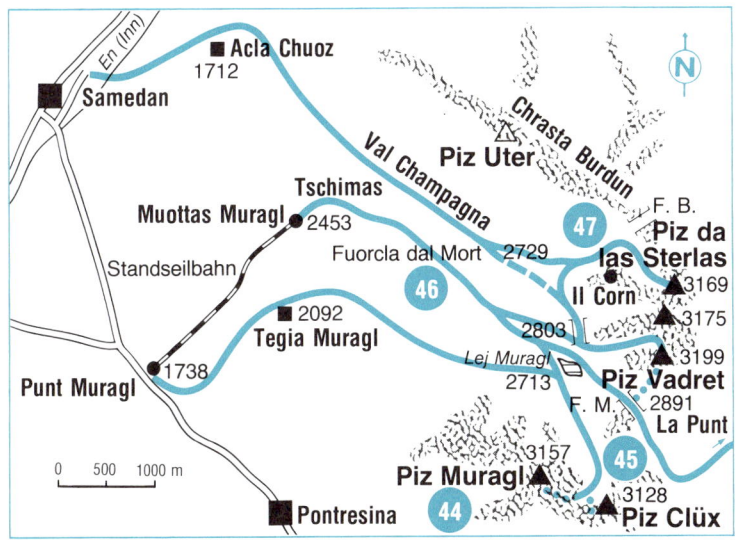

45 Piz Clüx, 3128 m

Diesen Gipfel erreicht man, wenn man sich nach der erwähnten Steilstufe leicht links hält. Bis zum Grat ansteigen und über den Grat, das letzte Stück ohne Ski, unschwierig auf den Gipfel. Sowohl vom Piz Muragl auch vom Piz Clüx hat man einen großartigen Einblick auf die zentralen Bernina-Gipfel, auf Piz Palü, Piz Bernina mit dem Bianco-Grat, Piz Roseg und viele andere.

46 Piz Vadret, 3199 m

Für Liebhaber großzügiger Abfahrten in einsamer Landschaft. Februar bis April.

A: Talstation der Muragl-Standseilbahn (1738 m), 3 km von Samedan in Richtung Pontresina.
K: Hm 900, Ekm 4, Z 3. Skt 2a. Klt 0. Lg 2. Abf W, O, N (Hm 1600).
LK: 1257 (St. Moritz), 1258 (La Stretta) und 1237 (Albulapass) bzw. 268 (Julierpass) und 269 (Berninapass).

Von der Bergstation Muottas Muragl auf dem Höhenrücken zur Fuorcla Val Champagna (2803 m). Rechts neben den felsigen Ausläufern des Piz da las Sterlas überaus steil bis zum Kamm und nach rechts unschwierig zum Gipfel. Abfahrt auf dem Anstiegsweg bis zur Champagna-Scharte (2803 m). Oberhalb einiger Felsen Richtung S queren und dann ein kurzes Stück zur Fuorcla Muragl (2891 m) ansteigen. (Weniger geübte Tourengeher können wie beim Anstieg zum Piz Muragl zum See abfahren und über den zwar auch recht steilen, aber wesentlich kürzeren Hang zur Muragl-Scharte ansteigen). Skidepot. Von der Scharte in einer knappen Stunde auf den Gipfel.

Die Einsamkeit beginnt bei der Abfahrt von der Muragl-Scharte nach O in die Val Prüna über herrlich freie Hänge, ab 2600 m ziemlich steil, in den Talboden und zur Alp Prüna (2270 m). Das Tal mündet bei P. 2028 in das bedeutendere Chamuera-Tal. Der Weg ist nun lang, aber nicht zu verfehlen. Zuerst ein kurzes Stück auf der linken, später durchwegs auf der rechten Talseite erreichen wir Chamues-ch und 20 Minuten später (Fußmarsch auf der Straße) La Punt (1687 m). Mit der Rhätischen Bahn oder einem bereitgestellten PKW zurück nach Samedan bzw. Punt Muragl. Natürlich ist auch die bequeme Abfahrt wie bei Route 44 möglich.

Routenskizze siehe Seite 59!

Piz da las Sterlas (Nordgipfel), 3169 m

47

Einsamer Berg, großartige Abfahrt. Februar bis Mai.

A: Muragl-Standseilbahn (1738 m), 3 km von Samedan in Richtung Pontresina.
K: Hm 900, Ekm 5, Z 3. Skt 2a. Klt 0. Lg 2. Trotz der geringen Anstiegshöhe anstrengend und zeitraubend. Abf NW, W; Hm 1600.
LK: 1257 (St. Moritz) bzw. 268 (Julierpass).

Von Muottas Muragl (2453 m) über den Höhenrücken zur Champagna-Scharte (2803 m). Schöne kurze Abfahrt in das Champagna-Tal bis etwa 2600 m. In weitem Bogen, Steilstücken ausweichend, zu einem Gletscherbecken unterhalb der Burdun-Scharte. Steil über diesen Gletscher und über einen kurzen Gratrücken zu P. 3169, einem nördlichen Vorgipfel des nur unwesentlich höheren Piz da las Sterlas (3175 m).

Der Gipfel wird selten bestiegen. Man kann auch in dieser vom Fremdenverkehr überfluteten Gegend den herrlichen spaltenlosen Gletscher abfahren und dabei zumeist lediglich die eigenen Anstiegsspuren kreuzen. Nach dem Gletscherbecken fahren wir ungefähr zu P. 2746 und weiter — Gelände und Hangneigung ausnützend — in die Val Champagna.

Vorsicht: Von den steilen begrenzenden Hängen drohen Lawinen! Im Talboden am besten etwas links halten. Freie Hänge, erst ab 1900 m Waldweg. Am Ende der Abfahrt (Acla Chuoz, 1712 m) ein Auto bereitstellen. Man spart dadurch eine Gehstunde durch den Talboden und hat das seltene Erlebnis, mit dem Auto die Landebahn eines Flugplatzes zu überqueren (Schranken, Lichtanlagen).

Piz Utèr, 2967 m

48

Viel Abfahrt bei geringer Anstiegsmühe. Februar bis April.

A: Muragl-Standseilbahn, 3 km von Samedan in Richtung Pontresina.
K: Hm 800 im Aufstieg, Ekm 6, Z 3. Abfahrt Hm 1500. Skt 1ab. Klt 0. Lg 1. Abf N, NW. Durch mehrmaligen Wechsel von Aufstieg und Abfahrt anstrengend und zeitraubend.
LK: 1237 (Albulapass) und 1257 (St. Moritz) bzw. 268 (Julierpass).

Wie bei Route 47 von der Bergstation zur Champagna-Scharte (2803 m) und Abfahrt in das Champagna-Tal bis etwa 2600 m. Richtung NO ansteigen, bis man in einer Höhe von 2760 m eine Art Terrasse erreicht, die man Richtung NW verfolgt. Überaus steil zur Fuorcla Malat (2917 m) zwischen Piz Utèr und Crasta Burdun, und über den sanften Rücken zum Gipfel.

(Der Piz Utèr hat einen Namensvetter, unter Route 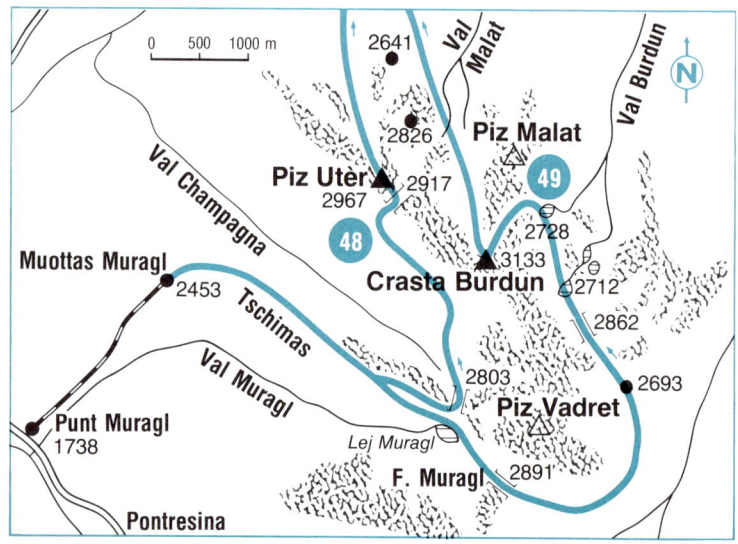⑩⑨ beschrieben.

Der erste Teil der Abfahrt ist sehr steil, die windgeschützte Mulde hat aber zumeist guten Pulverschnee aufzuweisen. Bis 2600 m abfahren, zum dritten Mal anfellen und zum Munt Müsella (2630 m) ansteigen. Die Abfahrt führt zuerst über freie Hänge, dann etwas heikel durch den Wald nach Chamues-ch. Sie ist bei Route ⑩③ genauer beschrieben.

㊾ Crasta Burdun, 3134 m

Von der Bergstation über den Höhenrücken wie bei Route ㊹ zur Fuorcla dal Mort und kurze Abfahrt (Abfellen lohnt nicht) zum Lej Muragl (2713 m). Aufstieg zur Fuorcla Muragl (2891 m). Abfahrt Richtung SO bis etwa 2600 m. Um die Ausläufer von P. Vadret und P. da las Sterlas queren und zur Fuorcla Olivet (2862 m) ansteigen. Zu den Burdun-Seen abfahren. Fast eben zu einem weiteren See bei P. 2728. Von hier in einem Linksbogen zum höchsten Punkt der Crasta Burdun (3134 m).

Anstieg zum ㊵ *Piz Chalchagn (3154 m). Rechts der Biancograt, die berühmte „Himmelsleiter" auf den Piz Bianco.*

Die Abfahrt führt in Richtung NNW über einen spaltenlosen, sehr steilen Gletscher (Skt 2a!). Durch die windgeschützte Lage meist sehr guter Pulverschnee. Man fährt nicht ganz in die Val Malat ab, sondern quert bei 2550 m, zuletzt etwas steil, zu der Hochfläche im S des Munt Müsella.

Weiter wie bei Route **103** auf den Munt Müsella (2630 m), über freie Hänge zur Alp Müsella und durch eine ziemlich zugewachsene Waldschneise nach Chamues-ch. Mit einem bereitgestellten Auto oder (nach einem Fußmarsch nach La Punt) mit der Rhätischen Bahn zurück zum Ausgangspunkt.

K: Hm 1200, Ekm 8, Z 4,5. Skt 2a und 1b. Klt 0. Lg 1. Abf N; 1900 Hm.

Piz Padella, 2856 m   **50**

Pulver, Firn und schöne Aussicht. Jänner bis April.

A: Samedan (1721 m).
K: Hm 1100, Ekm 3, Z 3. Skt 1a. Klt 0. Lg 1. Abf N, SO.
LK: 1257 (St. Moritz) bzw. 268 (Julierpass).

Vom Ortskern zum Friedhof San Peter (1795 m). Zuerst über sanfte Wiesen, dann steil durch die Val da Peidra Grossa zu P. 2233. Weiter zu P. 2510 am Beginn des Nordrückens. Über diesen Rücken, einigen Felsen bei P. 2629 nach links (O) ausweichend, dann wieder genau auf dem Rücken, zum Ostgipfel des **Piz Padella** (2856 m). Der Übergang zum Hauptgipfel (2884 m) ist schwierig und wird im Winter kaum begangen. Großartige Einblicke in die Languard-Gruppe und die gesamte Bernina. — Die Abfahrt verläuft zunächst schattseitig bis zum Fuß des Nordrückens, dann sonnseitig durch das zeitweise steile und enge Tal nach Samedan. Das reizvolle Nacheinander von Pulver und Firn ist daher nicht selten anzutreffen. Der Anstieg deckt sich zum Teil mit der bei Route **39** beschriebenen Abfahrt.

Routenskizze siehe Seite 55!

Piz Salteras, 3111 m   **51**

Prachtvoller Gipfel in urweltlicher Einsamkeit. Februar bis Mai.

A: Bahnhof Samedan bzw. Haltestelle Preda (1789 m).

←

In den Eisbrüchen des Pers-Gletschers beim Anstieg zum **85** *Piz Palü (3905 m). Durch die Diavolezza-Seilbahn ist dieser berühmte Berg mühelos an einem Tag zu besteigen.*

K: Hm 1400, Ekm 6, Z 4,5. Skt 1a. Klt 1. Lg 1. Abf NO, O.
LK: 1237 (Albulapass) und 1236 (Savognin) bzw. 258 (Bergün).

Von Samedan mit dem Frühzug der Rhätischen Bahn (1984: 6,08 Uhr) durch den Albula-Tunnel nach Preda (1789 m). Über den flachen Talboden in einer Viertelstunde zum Dörflein Naz (1747 m). Durch das Mulix-Tal auf der im Anstiegssinne rechten Talseite zu P. 1970. Hier zweigen wir in das Tschitta-Tal ab, das wir bis zum Talschluß (2295 m) verfolgen. In einem weiten Linksbogen in das Gletscherbecken nördlich des Gipfels. Den recht steilen Gletscher hinauf bis zu einem Skidepot am NW-Grat. Unschwierig auf den Gipfel. Die Abfahrt bietet die reizvolle Möglichkeit, durch entsprechende Querfahrten zwischen sonnseitigen und schattseitigen Hängen zu wählen.

52 Piz Laviner, 3137 m

Der Piz Laviner ist eine von hundert Genußtouren, die „im Pause" stehen. Die Länge des Anstiegs bewirkt jedoch, daß der Berg auch an schönen Tourentagen recht einsam ist. Von Naz (1747 m) durch das Mulix-Tal bis zum Talschluß (2229 m). Links von einem sperrenden Felsriegel hinauf, bis man in einer Höhe von 2400 m wieder nach rechts schwenken kann. Die durchwegs sehr steilen Hänge erfordern Vorsicht. Zwischen Felsen steil und eng zu einem spaltenlosen Gletscher und weiter zur Fuorcla da Biever (2949 m). Fast eben um den Piz Laviner herum und von S zu einer steilen Rinne. Skidepot. In der Rinne, leicht aber steil, auf den Gipfel.

K: Hm 1400, Ekm 7,5, Z 5. Skt 1a. Klt 0. Lg 1. Abf N.

53 Piz d'Alp Val, 3053 m

Vom Talschluß gleichfalls über die steilen Hänge, bis man in einer Höhe von 2400 m nach rechts auf die Terrasse einbiegen kann. Jedoch schon nach 10 Minuten in Richtung S abzweigen. Steil und eng, ab einer Höhe von 2700 m noch steiler und enger, hinauf zu einem Becken östlich des Hauptgipfels und weiter zu P. 3033. Skidepot. Über den Ostgipfel (3046 m) zum Hauptgipfel. Die Abfahrt ist durch ihre engen Steilstücke anspruchsvoller als die Abfahrt vom Piz Laviner.

K: Hm 1300, Ekm 6, Z 4,5. Skt 2ab. Klt 2. Lg 1. Abf N.

54 Piz Bleis Marscha, 3128 m

Nach dem erwähnten sperrenden Felsriegel Richtung W zu schönen Mulden, die in ein weites Becken führen, das südlich des Gipfels liegt. Durch das Becken bis zu den Felsen ansteigen. Skidepot. Durch eine Rinne zu einer Schulter etwas westlich des Gipfels. Über den kurzen SW-Grat zum höchsten Punkt.

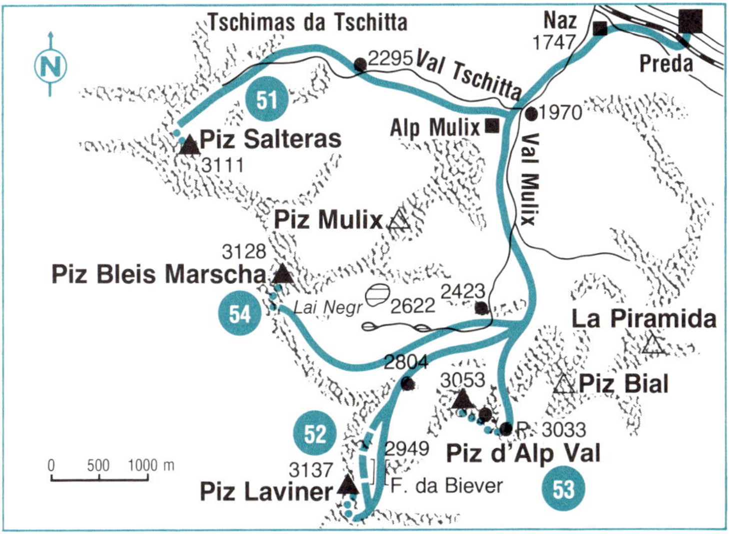

K: Hm 1400, Ekm 6, Z 4,5. Skt 1a. Klt 1. Lg 1. Abf O, N.

La Piramida, 2964 m   55

Abwechslungsreicher Weg zu einem schönen Skiberg. Februar bis Mai.

A: Bahnhof Samedan bzw. Haltestelle Preda (1789 m).
K: Hm 1200, Ekm 7, Z 4,5. Skt 1ab. Klt 0. Lg 1. Abf NO, N.
LK: 1237 (Albulapass) oder 258 (Bergün).

Mit dem Frühzug der Rhätischen Bahn nach Preda (1789 m). Auf der Pass-Straße zum Berghaus Crap Alv (2026 m) und weiter zu einem Talein-schnitt bei P. 2077. An der westlichen Begrenzung bis etwa 2200 m, dann erst über den Bach auf die linke Talseite (im Aufstiegssinne). Wenig später biegen wir in Richtung W ab und erreichen (im letzten Teil mit geringem Höhenverlust) den Lai Alv (2456 m). Das große Becken unter dem Gipfel

steuern wir an seiner linken Begrenzung an, erreichen einen kleinen Gletscher und steigen über ihn hinauf. Skidepot bei einer steilen Rinne links unterhalb des Gipfels. Zum O-Grat und über diesen zum Gipfel.

Bei der Abfahrt ist es bei günstigen Verhältnissen möglich (Skt 2ab), rechts vom Abfluß des Lai Alv über Murtel Salamun zu einem See (2174 m) und weiter zum Lai da Palpuogna (1918 m) an der Paß-Straße zu fahren.

Skiläuferisch schöner ist der unbedeutende **Piz Murtel Trigd** (2901 m), der sowohl von Norden, als auch von Süden erreichbar ist.

56 Igl Compass, 3016 m

Vom Bahnhof Preda in wenigen Minuten zu einem Gasthaus an der Paß-Straße. Rechts davon zweigt ein Weg ab, der über den breiten Rücken Cuziranch, zuletzt einen steilen Hang querend, zur Alp Zavretta (2271 m) führt. Immer im Talboden bleibend zur Zavretta-Scharte und über den Rücken mit Ski zum Gipfel. Gute Skifahrer können bei sicheren Verhältnissen über den steilen N-Hang unmittelbar in den Talboden abfahren. Empfehlenswert ist eine weitere **Abfahrtsvariante:** Von der Alp Zavretta stark links haltend zu P. 2139 und dicht unterhalb einiger Felsen nach O queren. In einer schönen Mulde zur Paß-Straße, die man etwa 1 km vor Preda erreicht.

K: Hm 1200, Ekm 5, Z 3,5. Skt 1a. Klt 0. Lg 1. Abf N, W, S.

TOURENBEREICH PONTRESINA, 1805 m

Pontresina ist einer der bekanntesten Fremdenverkehrsorte des Engadins. Es liegt sonnig und aussichtsreich etwa 50 m über dem Tal des Bernina-Baches.

Von Pontresina aus lassen sich eine Reihe unterschiedlicher Skitouren unternehmen — die durch Lifthilfe stark verkürzte Tour auf den **Piz Albris** (3137 m), die rassige Firnfahrt auf den **Piz Muragl** (3157 m), beides Gipfel in den Livigno Alpen. Wir können uns aber auch die kurze Tour auf die **Muottas da Puntraschigna** (2545 m) vornehmen, die steile auf den **Piz Chalchagn** (3154 m), oder die langen und anspruchsvollen auf **Piz Mandra** (3091 m) oder gar auf den **Piz Misaun** (3249 m).

Von Pontresina aus steigen wir auch zu drei für den Skitouristen sehr bedeutende Schutzhütten auf, die als eigene Tourenbereiche vorgestellt werden: zur **Chamanna Coaz** (2385 m), zur **Chamanna da Tschierva** (2573 m) und von Morteratsch aus zur **Chamanna da Boval** (2495 m).

Auch für den Kunstfreund hat der Ort etwas zu bieten. Die Kirche **St. Maria** ist ein hübscher Saalbau mit bedeutenden spätromanischen Malereien an der Westwand. Manche von uns werden das Kirchlein vielleicht auch aus nostalgischen Gründen besuchen, wenn sie sich in ihrer Jugend an Jakob Christoph Heer „König der Bernina" begeistert haben.

Auskünfte und Zimmernachweis: Verkehrsbüro CH-7504 Pontresina, Tel. 082-66488.

Piz Albris, 3166 m   57

Auf den „Berg der Steinböcke". Jänner bis Mai.

A: Pontresina (1805 m).
K: Hm 1400, Ekm 7, Z 4,5 (mit Lifthilfe 3). Skt 1a. Klt 1. Lg 1. Abf N, W.
LK: 1257 (St. Moritz) bzw. 268 (Julierpass).

Mit dem Lift (Betrieb bis Ende März) oder zu Fuß zur Bergstation der zweiten Teilstrecke (2262 m). Kurze Abfahrt zur Alp Languard (2202 m) und unterhalb der Felsen in das Bachbett. (Bei sehr sicheren Verhältnissen fast ohne Höhenverlust oberhalb dieser Felsen dem Sommerweg nach ins Bachbett.) Weiter zum Talschluß und Aufstieg zum Lej Languard (2594 m). Steil zu den Lejs d'Albris und weiter, bis man nach rechts auf den spaltenlosen Gletscher einbiegen und über ihn zum SO-Gipfel (3137 m) aufsteigen kann. Skidepot. Bei günstigen Verhältnissen unschwierig auf den Hauptgipfel. Herrliche Aussicht in die zentrale Bernina-Gruppe. Abfahrt über

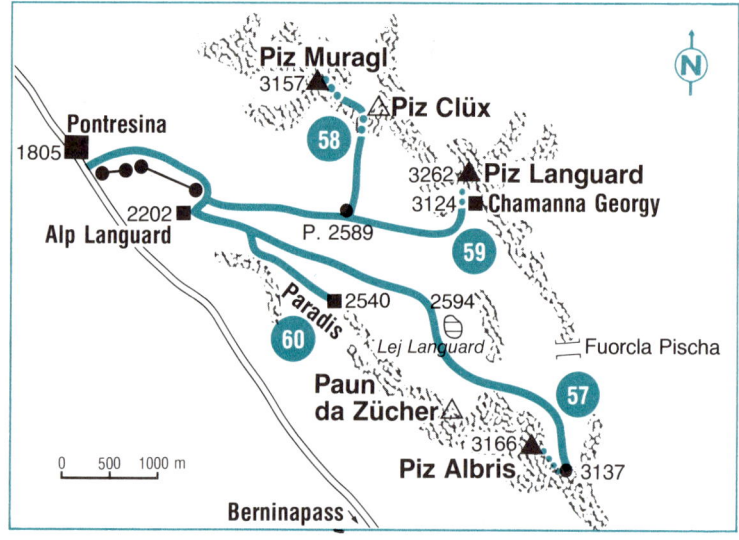

die steilen Pulverhänge, dann etwas langweilig durch das Tal, zuletzt auf der Piste. **Vorsicht:** Bei der Alp Languard nicht vom herrlichen Hang zu weiterer Abfahrt verlocken lassen, sondern zum Lift hinüberqueren! — Größte Steinbockkolonie in der Schweiz.

58 Piz Muragl, 3157 m

K: Hm 1400, Ekm 4, Z 4. Skt 2a. Klt 0. Lg 1. Abf S.

Auf dem Sommerweg, der zum Piz Languard führt, den steilen S-Hang bis etwa P. 2589 queren. Nur bei ganz sicheren Verhältnissen möglich! Fast genau Richtung N zu einer Einschartung zwischen Piz Muragl und Piz Clüx, jedoch näher beim Piz Clüx. Die letzten Meter sind sehr steil und felsdurchsetzt. Sie müssen mitunter zu Fuß überwunden werden. Von der Scharte mit Fellen zum Gipfelaufbau. Skidepot. Unschwierig in 10 Minuten auf den Gipfel. Die Abfahrt ist sehr steil und im obersten Teil gefährlich (Felsen!), wenn es nicht genügend auffirnt. Diese Unternehmung läßt sich zu einer schönen Rundtour ausweiten, wenn man den Piz Muragl von der Bergstation Muottas Muragl (2453 m) angeht und über die eben beschrie-

benen S-Hänge abfährt. Dieser Aufstieg ist unter Route beschrieben —
Routenskizze siehe Seite 59!

Piz Languard, 3262 m

Die beschriebenen S-Hänge noch weiter queren und zur Chamanna
Georgy (3124 m) ansteigen. Skidepot. In einer halben Stunde unschwierig
(Weganlage) zum Gipfel. Diese Tour ist erst spät im Jahr möglich, wenn
die Gipfelfelsen entsprechend ausgeapert sind.

K: Hm 1500, Ekm 4,5, Z 4,5. Skt 2a. Klt 0. Lg 1. Abf. S.

Paradis, 2540 m

Eine ganz kurze Tour, die bereits im Dezember unternommen werden
kann, führt von der Alp Languard (bis hierher kurze Abfahrt von der Bergstation des Lifts) in einer Stunde auf den höchsten Punkt eines Bergrückens, der auf den klingenden Namen Paradis (2540 m) hört und auf dem
eine kleine (unbewirtschaftete) Hütte steht.

K: Hm 700, Ekm 3, Z 2,5. Skt 0. Klt 0. Lg 1. Abf N, W.

Muottas da Puntraschigna, 2545 m

Kurze Tour mit Erweiterungsmöglichkeiten. Jänner bis April.

A: Häusergruppe Resgia (1827 m), 2 km nach Pontresina.
K: Hm 700, Ekm 3,5, Z 2,5. Skt 1a. Klt 0. Lg 1. Abf NO.
LK: 1257 (St. Moritz) bzw. 268 (Julierpass).

Von Resgia (1827 m) führt eine Brücke über den Bernina-Bach. Auf
einem Fahrweg 1,5 km fast eben bis zur Einmündung der „Großen
Lawinenrinne" (Lavinér Grand). Diese Rinne in zunehmender Steilheit
hinauf. Ab einer Höhe von 2100 m beginnt man, sich rechts zu halten und
steuert den höchsten Punkt der Muottas da Puntraschigna an, den **Muot
Dadains.**

Chalchagn Pitschen, 2789 m

Wer sich noch nicht ausgelastet fühlt, kann über den Nordrücken zum
„Kleinen Chalchagn" weitersteigen, dem Chalchagn Pitschen. 40 Minuten
von Muot Dadains.

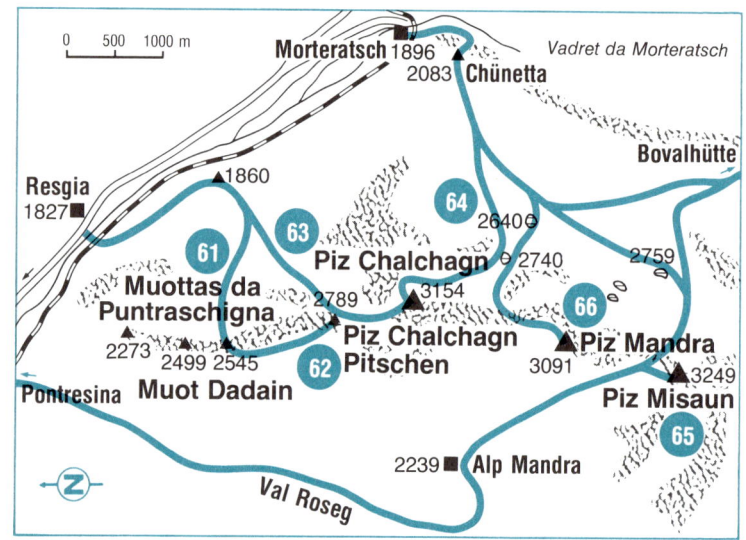

63 Piz Chalchagn, 3154 m (von Norden)

Ausgezeichnete Alpinisten und Skifahrer können sich bei besonders günstigen Verhältnissen auch den Piz Chalchagn selbst vornehmen. In diesem Falle wird die Lawinenrinne bei 2100 m nicht verlassen, sondern weiter verfolgt in die Foppa Chalchagn. Man hält sich bei den Felsen rechts und steigt — eng und steil — unmittelbar zum Gipfel auf. Die Steilheit beträgt über weite Teile 40 Grad!

K: Hm 1300, Ekm 4, Z 4. Skt 2ab. Klt 0. Lg 2. Abf N.

64 Piz Chalchagn, 3154 m (von Osten)

Großartige, aber anspruchsvolle Skitour. Februar bis Mai.

A: Haltestelle Morteratsch der Rhätischen Bahn (1896 m), 5 km von Pontresina. Gute Parkmöglichkeiten.
K: Hm 1300, Ekm 4,5, Z 4. Skt 2a (nur Gipfelhang). Klt 0. Lg 1. Abf S, O.
LK: 1257 (St. Moritz) bzw. 268 (Julierpass).

Von Morteratsch ein Stück talein und auf dem Sommerweg zur Chünetta (2083 m). Schöner Aussichtspunkt. Steil in Richtung W aufwärts, bis man bei etwa 2500 m flacheres Gelände erreicht. Weiterhin in Richtung W zu einem kleinen See (2740 m). In Richtung N einbiegen. Bei etwa 2900 m erreicht man den sehr steilen Gipfelhang, den man einiger Felsen wegen ziemlich weit rechts angeht. Der Gipfel selbst wird über eine unschwierige Kuppe von O her erreicht. — Ausgezeichnete Skibergsteiger können bei sehr sicheren Verhältnissen auch nach N abfahren. Diese Möglichkeit ist unter Route **63** beschrieben. Vom Talboden hat man eine gute halbe Stunde entlang des Bernina-Baches zurück nach Morteratsch.

Piz Misaun, 3249 m   **65**

Dieser Gipfel ermöglicht eine prachtvolle Überschreitung.

K: Hm 1400, Ekm 6, Z 4,5. Skt 1a. Klt 0. Lg 1. Orientierungsmäßig anspruchsvoll. Abf NW.

Bei der großen Terrasse (P. 2640) trennt sich der Weg vom vorher beschriebenen Anstieg. Über Hügel und durch Mulden zu einem winzigen See (P. 2759). Nun zuerst Richtung W bis in eine Höhe von 2900 m, dann Richtung N zur Misaun-Scharte (3041 m). Über diese Scharte auf den kleinen Misaun-Gletscher und über diesen (von N) auf den Gipfel.

Die Abfahrt über die Anstiegsroute ist sehr schön. Abenteuerlicher ist jedoch die Überschreitung des Berges mit der Abfahrt ins Roseg-Tal. Über den Misaun-Gletscher abfahren, dabei rechts halten. Weiter über schöne Hänge zur Alp Mandra (2239 m). Jetzt etwa 600 m stark links halten, dann durch steilen Wald ins Roseg-Tal abfahren, das man bei P. 1943 erreicht. Je nach Jahreszeit mit aufgeschnallten Skiern oder schiebend durch das flache Tal zum Bahnhof Pontresina. Mit der Rhätischen Bahn zurück zum Auto.

Piz Mandra, 3091 m   **66**

In einer Höhe von 2600 m verläßt man den Anstieg zum Piz Misaun nach rechts und erreicht in weitem Bogen über kleine Seen (P. 2640, P. 2740) den Nordrücken oberhalb der Mandra-Scharte. Über diesen Rücken oder auch westlich davon (auf der Roseg-Seite) auf den Gipfel. Gute Wegfinder können auch von diesem Gipfel zur Alp Mandra und weiter ins Roseg-Tal abfahren.

K: Hm 1200, Ekm 4, Z 3,5. Skt 1a. Klt 0. Lg 1. Abf O.

Sowohl der Piz Misaun als auch der Piz Mandra lassen sich selbstverständlich auch in entsprechend kürzerer Zeit von der **Boval-Hütte** (2495 m)
aus besteigen. Die Abfahrten zur Hütte sind jedoch bei weitem nicht so
schön wie die Abfahrten nach Morteratsch bzw. ins Roseg-Tal.

*

TOURENBEREICH COAZ-HÜTTE, 2610 m

Die Coaz-Hütte gehört der Sektion Rätia des SAC (Anschrift: CH-7000
Chur). Die Hütte ist telefonisch erreichbar: 082-66278. Auf älteren Karten
ist häufig die Vorgängerin des Neubaus eingezeichnet, die mit 2385 m
wesentlich tiefer lag.

Der **Aufstieg** zur Hütte durch das flache Roseg-Tal führt zunächst zum
Hotel Roseg (1999 m). Man kann aber auch mit einem Pferdeschlitten oder
Pferdewagen (je nach Schneeverhältnissen) vom Bahnhof Pontresina hier-
her gelangen. Vom Hotel Roseg weiter durch den immer noch recht flachen
Talboden zu den Ausläufern des Roseg-Gletschers. An seinem westlichen
Rand, aber in achtungsvoller Entfernung von den Steilhängen, aufsteigen.
Vom Gletscher in einem Linksbogen, bei sicheren Verhältnissen auch von
rechts, auf den aussichtsreichen Hügel, auf dem die achteckige Hütte steht.
Z 4 von Pontresina, Z 2 vom Hotel Roseg.

Bei sicheren Schneeverhältnissen ist ein anderer Zugang üblich. Man
fährt nach **Silvaplana** und mit der Corvatsch-Seilbahn bis zur Bergstation
der zweiten Teilstrecke. Die nun folgende Abfahrt zur Hütte wird bei
Route ⑱ beschrieben. Vom hier erwähnten Anfellplatz in weitem Bogen,
zuletzt mit leichtem Gegenanstieg, zur Hütte.

Die Hütte ist in der Tourenzeit, insbesondere um Ostern und Pfingsten,
gut besucht. Insbesondere größeren Gruppen wird eine Anmeldung empfohlen.

Die Tourenmöglichkeiten sind vielfältig. Sie sind aber, vielleicht mit
Ausnahme des Chapütschin (3366 m), anspruchsvoll. Die Anstiege auf
Piz Glüschaint (3594 m) und **La Muongia** (3415 m), aber auch auf **La Sella**
(3564 m), **Dschimels** (3500 m) und **Piz Sella** (3517 m) führen über wild
zerklüftete Gletscher. Der **Piz Roseg** (3937 m) schließlich gehört zu den
schwierigsten Touren, die in diesem Führer vorgestellt werden.

Piz Glüschaint, 3594 m

Der „Leuchtende" – nur für gute Skibergsteiger. März bis Juni.

A: Coaz-Hütte des SAC (2610 m).
K: Hm 1000, Ekm 3, Z 3,5 bei günstigen Verhältnissen. Skt 1a. Klt 1. Lg 0.
Gefährliche Spalten. Abf N.
LK: 1277 (Piz Bernina) bzw 268 (Julierpass).

Bei günstigen Verhältnissen (spät im Jahr, ausgeaperte Felsen) ist eine
Überschreitung dieses herrlichen Berges von W nach O empfehlenswert.
Einigen Felsen rechts ausweichend in einem Bogen zu P. 2821 und auf den
Roseg-Gletscher. In die große Gletschermulde unterhalb des scharf aus-
geprägten Nordgrates. Der Gletscherbruch wird in einem weiten Rechts-
bogen (Richtung W) umgangen. Bevor man die Glüschaint-Scharte er-
reicht, quert man wiederum nach O zurück zum Westgrat des Piz
Glüschaint. Bei Umgehung von Grattürmen mäßig schwierige Kletterei.

Leichter ist der Anstieg über die NO-Flanke. Dazu verläßt man in der
großen Gletschermulde bei etwa 3000 m die vorhin beschriebene Route,
um den sperrenden Gletscherabbruch nach links zu umgehen. Nach der
Umgehung wieder in Richtung S in zunehmender Steilheit in der Mulde
zwischen Piz Glüschaint und La Sella aufwärts, bis sich der Gletscher
wieder verflacht. Nach rechts zum Nordgrat, die letzten 50 Höhenmeter
recht steil. Über den Nordgrat unschwierig zum Gipfel. Wer den Aufstieg
über den Westgrat gewählt hat, wählt diese Route für die Abfahrt.

La Muongia, 3415 m

Wer den Anstieg über den Westgrat gewählt hat, kann von der
Glüschaint-Scharte nach rechts abzweigen und unschwierig die „Nonne"
(Muongia) besteigen, die dem „Kapuziner" (Chapütschin) Gesellschaft
leistet. Der Umweg beträgt etwa eine halbe Stunde.

Achtung: Bei dieser und den folgenden Touren ist Anseilen beim Aufstieg zweckmäßig. Häufig ist auch Abfahren am Seil empfehlenswert, wenn
es auch angeblich die Freundschaft der Seilkameraden gefährdet.

Il Chapütschin, 3386 m

Der leichteste Skigipfel im Bereich der Coaz-Hütte.

K: Hm 800, Ekm 2,5, Z 2,5. Skt 1a. Klt 0. Lg 0. Abf N.

„Kapuziner" heißt der Gipfel, weil er im Sommer wie das Gesicht eines
Mannes aussieht, der eine weiße Kapuze trägt. Wie beim vorhin beschrie-

benen Anstieg zu P. 2821, dann aber auf den Gletscher in Richtung auf die Chapütschin-Scharte. Im flachen Gletscher-Becken unterhalb der Scharte nach rechts schwenken und den Firnhang so weit wie möglich hinaufsteigen. Skidepot. Steil, aber unschwierig auf den Gipfel.

Der Chapütschin kann natürlich auch auf der bei Route ⑱ beschriebenen Route erstiegen werden. Wer sich diesen Berg an seinem letzten Tourentag auf der Coaz-Hütte vorgenommen hat, kann auch die bei Route ⑱ empfohlene Abfahrt nach Sils-Maria wählen. Hat man sein Auto bei der Seilbahn in Silvaplana stehen, erspart man sich dadurch den gleich langen Anstieg zur Bergstation und die Abfahrt auf der Piste. Von Sils-Maria Skibus zur Corvatsch-Seilbahn.

⑳ La Sella, 3584 m und 3564 m

Ausbaufähige Tour für Gipfelsammler. März bis Juni.

A: Coaz-Hütte des SAC (2610 m).
K: Hm 1200, Ekm 4. Bei Überschreitung aller Gipfel Z 5. Skt 1a. Klt 0. Bedeutende Spaltengefahr. Lg 0. Abf NW.
LK: 1277 (Piz Bernina) bzw. 268 (Julierpass).

Von der Hütte auf den Roseg-Gletscher und noch unterhalb der großen Spalten auf einen Rücken queren, den man mit geringem Höhenverlust etwa bei P. 2587 erreicht. Nun geradewegs in Richtung auf den Doppelgipfel La Sella. Skidepot in der Einsattelung zwischen dem Westgipfel (3584 m) und dem Ostgipfel (3564 m). Beide Gipfel sind unschwierig erreichbar.

Bei günstigen Bedingungen, vor allem bei einigermaßen guter Sicht, fährt man etwa 100 Höhenmeter ab, um zu den **Dschimels,** den „Zwillingen" aufzusteigen. Man erreicht zuerst den Westgipfel (3508 m) und mit sehr geringem Höhenverlust den Ostgipfel (3479 m). Unschwierig auf dem Rücken weiter zum **Piz Sella** (3517 m). Jetzt erst beginnt die eigentliche Abfahrt. Sie führt uns zuerst zur Sella-Scharte, wobei wir uns für kurze Zeit auf italienisches Staatsgebiet begeben. Von der Scharte weg halten wir uns mehr im rechten (östlichen) Teil des Gletschers. Unterhalb der Spaltenbrüche, bei etwa 2900 m, steuern wir den im Aufstieg erwähnten Rücken an, der den Sella-Gletscher vom Roseg-Gletscher trennt. Entweder oberhalb der großen Spaltenbrüche (etwa bei 2800 m) oder unterhalb (dann mit leichtem Gegenanstieg) zur Hütte.

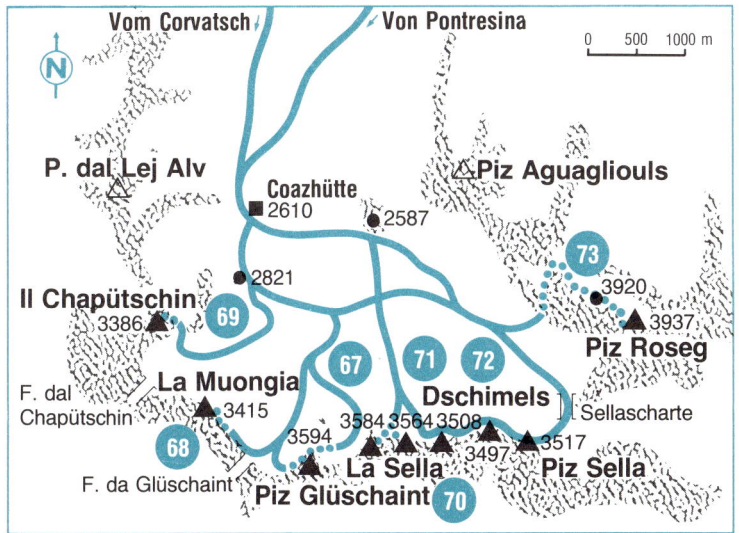

Dschimels, 3508 m und 3479 m

71

Bei günstigen Bedingungen, vor allem bei guter Sicht, fährt man etwa 100 Hm ab, um zu den „Zwillingen" aufzusteigen. Man erreicht zuerst den Westgipfel (3508 m) und mit sehr geringem Höhenverlust den Ostgipfel (3479 m).

Piz Sella, 3517 m

72

Der Piz Sella wird vom Ostgipfel der Dschimels über den verbindenden Rücken unschwierig erreicht. Bei ihm beginnt die eigentliche Abfahrt. Sie führt uns zur Sella-Scharte. Dabei befinden wir uns für kurze Zeit auf italienischem Staatsgebiet. Von der Scharte weg halten wir uns mehr im rechten (östlichen) Teil des Gletschers. Unterhalb der Spaltenbrüche, bei etwa 2900 m, steuern wir den im Aufstieg erwähnten Rücken an, der den Sella-Gletscher vom Roseg-Gletscher trennt.

Entweder oberhalb der großen Spaltenbrüche oder unterhalb (dann mit leichtem Gegenanstieg) zur Hütte.

73 Piz Roseg, 3937 m

Schwieriger Berg für ausgezeichnete Skibergsteiger. April bis Juni.

A: Coaz-Hütte des SAC (2610 m).
K: Hm 1300, Ekm 5, Z 4,5 bei günstigen Verhältnissen (Zeit für Anseilen, Steigeisen anlegen, Sichern usf. nicht inbegriffen!). Skt 2a. Klt 2. Lg 2. Abf W, N.
LK: 1277 (Piz Bernina) bzw. 268 (Julierpass).

Von der Hütte zum Gletscher ansteigen und den Roseg-Gletscher in einer Höhe von etwa 2800 m queren. Weiter zum Sella-Gletscher, auf diesem bis in eine Höhe von etwa 3200 m. Hier erreicht man den steilen Hängegletscher, der uns zum Nordrücken des Piz Roseg führen soll. Ab 3400 m wird es zunehmend steiler (40 Grad), kurz vor dem Erreichen des Rückens noch steiler (50 Grad). Ausgezeichnete Skiläufer schnallen jedoch die Ski auf, weil sich anschließend der Anstieg, wenn auch steil, mit Ski bis zur **Schneekuppe** (3920 m) fortsetzen läßt. Dieser Teil ist allerdings häufig verblasen oder vereist. Die meisten Winterbesteiger des Piz Roseg lassen es bei der Schneekuppe, einem Vorgipfel, bewenden. Bei günstigen Verhältnissen kann man den Hauptgipfel über den Verbindungsgrat erreichen: zuerst von der Schneekuppe etwas absteigen, dann schwierig über den Grat. Rechts meist stark überwächtet.

Das steilste Stück der Abfahrt ist der Beginn des Hängegletschers in der Westflanke. Blankeis enthebt einen hier meist der Mutprobe, ob man sich diese Steilheit zutraut. In diesem Falle Abstieg wie Aufstieg: mit Steigeisen und Seilsicherung (Klt 2e). Häufig ist eine Felsrippe ausgeapert, die man abklettern kann.

Routenskizze siehe Seite 77!

*

TOURENBEREICH TSCHIERVA-HÜTTE, 2573 m

Die Tschierva-Hütte gehört der Sektion Bernina (Anschrift: CH-7504 Pontresina). Sie wird von Skitouristen weniger häufig besucht als die Coaz-Hütte. Es ist deshalb empfehlenswert, sich nach den Öffnungszeiten zu erkundigen. Wenn die Hütte bewartet ist, kann sie unter Tel. 082-66391 erreicht werden.

Von Pontresina zu Fuß, mit dem Pferdeschlitten oder Pferdewagen zum Hotel Roseg (1999 m). Vom Hotel Roseg durch das flache Tal zu P. 2091. Hier gabelt sich der Weg. Nach rechts geht es über den Roseg-Gletscher zur Coaz-Hütte. Wir wenden uns nach links und steigen entweder über die östliche Moräne des Gletschers oder mitten auf dem (in diesem Bereich ungefährlichen) Tschierva-Gletscher zur Hütte auf. Wenn man den Anstieg über den Gletscher gewählt hat, ist es meist günstiger, etwas höher als die Hütte aufzusteigen und dann erst zur Hütte abzuzweigen. Die Moräne läßt sich nämlich nur sehr mühsam ersteigen. Z 4 von Pontresina, 2 vom Hotel Roseg.

Im Sommer ist die Hütte vor allem als Ausgangspunkt für den Bianco-Grat von Bedeutung. (Bergsteiger meines Jahrgangs erinnern sich vielleicht gerne an diesen Grat, weniger gerne aber an den damaligen berühmt-berüchtigten Hüttenwirt, ein gefürchtetes Original.) Im Frühjahr geht es auf der Hütte ruhiger zu, obwohl sie mit schönen Tourenzielen aufwarten kann: dem **Piz Morteratsch** (3751 m) und dem **Piz Tschierva** (3546 m). Unbedeutend ist dagegen der **Piz Aguagliouls** (3118 m). Für den letzten Tourentag auf der Hütte nimmt man sich am besten die **Crasta da Boval** (3208 m) vor, von der man eine großartige Abfahrt zur Haltestelle der Rhätischen Bahn hat. Mit dieser zurück zum Bahnhof Pontresina. Den Piz Roseg als Skitour geht man, wenn überhaupt, besser von der Coaz-Hütte aus an — Route 🔞

Piz Morteratsch, 3751 m   🔵74

Berühmter Blick auf den Bianco-Grat. März bis Juni.

A: Tschierva-Hütte des SAC (2583 m).
K: Hm 1200, Ekm 3, Z 3,5. Skt 1a. Klt 0. Lg 1. Abf N, SW.
LK: 1257 (Piz Bernina) bzw. 268 (Julierpass).

Von der Hütte mit geringem Höhenverlust auf den Tschierva-Gletscher. Vom Gletscher nach links in eine Mulde, in einer Höhe von 2680 m neuerlich nach links zwischen Felsen hindurch und in einer schönen Mulde hinauf zum Tschierva-„Gletscherchen" (Vadretin da Tschierva). Am westlichen Rand des Gletscherchens aufsteigen und in weitem Bogen zum Ansatz des Nordgrates auf den Piz Morteratsch, den wir in einer Höhe von 3400 m, zuletzt recht steil, erreichen. Auf dem Nordgrat ansteigen, bis er sich aufteilt. Bei etwa 3500 m in die NO-Flanke einqueren und steil hinauf zum erstaunlich geräumigen Gipfel. Überwältigende Aussicht, insbesondere atemberaubender Blick auf den berühmten Bianco-Grat, der aus dieser Sicht ungemein steil wirkt.

75 Piz Tschierva, 3546 m

Um zu diesem Gipfel zu gelangen, zweigen wir im großen Gletscherbecken nach links zu P. 3336 ab. Über den anfangs recht flachen Hang unmittelbar zum Gipfel.

K: Hm 1000, Ekm 4,5, Z 3. Skt 1a. Klt 0. Lg 1. Abf O, SW.

76 Crasta da Boval, 3208 m

Erreicht wird hier lediglich eine Scharte. Sie bietet aber eine großartige Abfahrt über 1300 Hm.

K: Hm 700, Ekm 3, Z 2,5. Skt 1a. Klt 0. Lg 1. Abf NO, O.

Wer einige Tage auf der Hütte verbracht hat, spart sich diese Tour am besten für den letzten Tag auf. Die Abfahrt durch das Roseg-Tal nach Pontresina ist langweilig, die Abfahrt von der Crasta da Boval nach Morteratsch dagegen ausgesprochen rassig und reizvoll. Wie bei Routen 74 75 zum obersten Becken des Misaun-Gletschers. Diesen Gletscher in kurzer Abfahrt queren und in einem kleinen Gegenanstieg zu P. 3208 in der Crasta da Boval (= Boval-Grat). Die ersten Meter hinunter sind dann sehr steil. Bei ungünstigen Bedingungen Ski ein kurzes Stück (50 Hm) tragen. Herrliche Abfahrt bis P. 2784. Wenig später zweigen wir in den bei Route 65 beschriebenen Anstieg ein. Über ausgesprochen steile Osthänge hinab zur Chünetta (2083 m) und weiter zur Haltestelle Morteratsch (1896 m). Mit der Rhätischen Bahn zurück nach Pontresina.

→

Wenn man von einigen berühmten Routen absieht, sind die Berge des Engadin keineswegs überlaufen. Das Bild zeigt den wunderschönen Skigipfel 101 Crasta Mora (2786 m) bei strahlender Sonne und 10 cm Neuschnee.

Piz Aguagliouls, 3118 m

Der Gipfel bietet ein hübsches Ausweichziel, wenn das Wetter nicht mitspielt.

K: Hm 600, Ekm 3, Z 2. Skt 2a. Klt 0. Lg 1. Abf N.

Von der Hütte zuerst zum Tschierva-Gletscher absteigen und den Gletscher überqueren. Auf dem Aguagliouls-Gletscher, einem Seitenarm des Tschierva-Gletschers, ansteigen bis etwa 2700 m. Nun nach rechts in eine sehr schöne Mulde. In dieser Mulde bei zunehmender Steilheit ansteigen und auf dem NW-Rücken auf den Gipfel — bei günstigen Verhältnissen mit Ski. Weniger gute Skiläufer queren in einer Höhe von etwa 2800 m auf den NW-Rücken, errichten hier ein Skidepot, und gehen den Gipfel zu Fuß an. (Die Steilheit beträgt über etwa 200 Hm 40 Grad.)

←

Ein wahres Paradies für den Tourenläufer ist der Tourenbereich Zuoz. Von hier aus lassen sich sonn- und schattseitig Gipfel besteigen, die für den Skilauf wie geschaffen erscheinen – so etwa der **106** *Piz Griatschouls (2955 m). Leichter Nebel im Inn-Tal, im Hintergrund die Berge des westlichsten Nationalparks, links der auffallende Piz d'Esan (3127 m).*

TOURENBEREICH BOVAL-HÜTTE, 2495 m

Die Boval-Hütte des SAC (2495 m) gehört der Sektion Bernina (Anschrift: CH-7504 Pontresina). Die Hütte wurde vor kurzer Zeit grundlegend erneuert. Sie ist jetzt eine der bequemsten Hütten des SAC. Man kann sich sogar mit einer guten und reichlichen Halbpension verwöhnen lassen. Bewartet ist die Hütte während der Skitourenzeit, zumeist von März bis Mai (Tel. 082-66403).

Der Anstieg erfolgt über den eindrucksvollen Morteratsch-Gletscher von der Haltestelle Morteratsch der Rhätischen Bahn (1896 m) in zwei Stunden (Hm 600, Ekm 2,5). Wegen der steilen Moräne kann man die Hütte nicht unmittelbar anpeilen, sondern muß auf dem Gletscher bis über Hüttenhöhe hinauf ansteigen und von S die Hütte erreichen. Die Hütte ist Ausgangspunkt für Gipfel, die leistungsstarke Skibergsteiger auch vom Tal aus (Morteratsch) angehen können: **Piz Chalchagn** (3154 m), **Piz Mandra** (3091 m), **Piz Misaun** (3249 m). Die Boval-Hütte vermittelt aber auch den besten Zustieg zum höchsten Gipfel der Gruppe und zum einzigen Viertausender der Ostalpen: **Piz Bernina** (4049 m). Natürlich kann man von der Hütte aus auch die Nachbarn des Piz Bernina besteigen, den **Piz Zupò** (3996 m), den **Piz Argient** (3945 m) und die **Bellavista** (mehrere Gipfel, Ostgipfel 3804 m).

Den **Piz Morteratsch** (3751 m) geht man besser von der Tschierva-Hütte aus an. Auch der **Piz Palü** (Ostgipfel 3882 m) wird nicht von der Boval-Hütte, sondern zumeist von der Bergstation der Diavolezza-Seilbahn (2973 m) aus bestiegen.

Die Hütte ist sehr gut besucht und an schönen Wochenenden, natürlich auch zu Ostern und Pfingsten, häufig überfüllt. Eine Anmeldung ist insbesondere für größere Gruppen zu empfehlen.

Anmerkung für faule Zeitgenossen: Die Boval-Hütte kann man von der Bergstation der Diavolezza-Seilbahn (2973 m) erreichen. Man fährt dazu auf der Morteratsch-Piste ab, verläßt die Piste nach dem leichten Gegenanstieg bei der Isla Persa und quert zur Hütte hinüber.

78 Piz Misaun, 3249 m

Der skiläuferische „Hüttenberg". März bis Mai.

A: Boval-Hütte des SAC (2495 m).
K: Hm 800, Ekm 3, Z 2,5. Skt 1a. Klt 0. Lg 1. Abf N, O.
LK: 1277 (Piz Bernina) bzw. 268 (Julierpass).

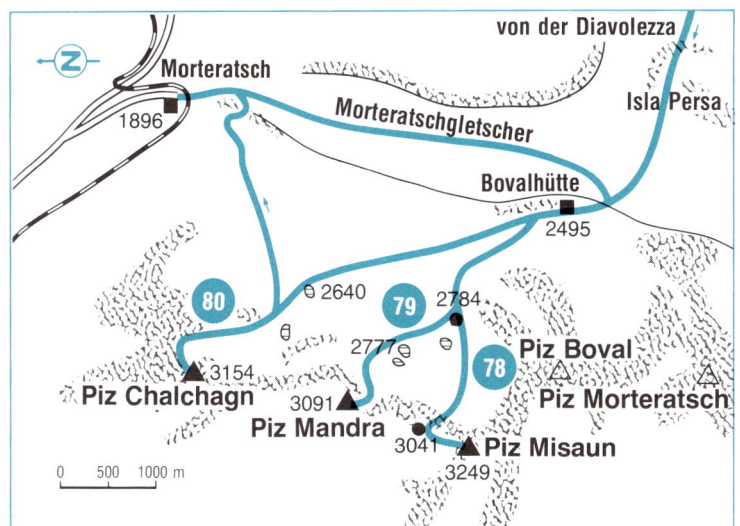

Von der Hütte in Richtung NW ansteigen, bis eine schöne Mulde den Aufstieg zum Vadret Boval Dadour ermöglicht. In einer Höhe von etwa 2900 m verläßt man den Gletscher und steuert den P. 3041 nördlich des Piz Misaun an. Über den Gratrücken zum Gipfel, unter Umständen das letzte Stück zu Fuß.

Piz Mandra, 3091 m

Dieser Gipfel wird erreicht, indem man zunächst gleichfalls zum Vadret Boval Dadour aufsteigt, den Gletscher aber gar nicht mehr betritt, sondern bereits bei P. 2784 scharf nach N abbiegt. Vorbei an einem kleinen See (P. 2777) und weiter bis zu sperrenden Felsen (Südabbruch des Piz Mandra). In einer Mulde steil auf den nach S wegziehenden Rücken und über diesen zum Gipfel.

K: Hm 600, Ekm 3, Z 2. Skt 0. Klt 0. Lg 1. Abf SO.

80 Piz Chalchagn, 3154 m

Von der Hütte zu einer Terrasse ansteigen und über Buckel und durch Mulden mit geringem Höhengewinn zu einem winzigen See (P. 2640). — Bis hierher 3 Ekm bei einem Höhengewinn von 145 m! Jetzt leicht nach links haltend steil auf eine höher gelegene Terrasse und weiter bis zum sehr steilen Gipfelhang. Den Gipfelhang bewältigt man am besten an seiner rechten (östlichen) Seite. Über den vom Gipfel nach O ziehenden Rücken erreicht man unschwierig den höchsten Punkt.

Die Abfahrt zur Hütte ist wegen des langen Flachstückes langweilig. Das gilt aber auch für die Abfahrt über den Morteratsch-Gletscher. Es ist daher am besten, den Chalchagn am letzten vorgesehenen Tourentag zu besteigen und nach Morteratsch abzufahren. Diese herrliche Steilabfahrt wird bei Route 64 beschrieben.

K: Hm 700, Ekm 5, Z 2,5. Skt 2a. Klt 0. Lg 1. Abf S, O.

81 Piz Bernina, 4049 m

Höchster Gipfel der Ostalpen. März bis Juni.

A: Boval-Hütte des SAC (2495 m).
K: Hm 1600, Ekm 7, Z 5,5 bei günstigen Verhältnissen. Skt l ab. Klt l e. Lg 2. Eisschlaggefahr. Sehr gefährliche Spalten. Sehr anstrengend. Abf SO, N.
LK: 1277 (Bernina) bzw 268 (Julierpass).

Schwierig an dieser Tour ist vor allem die Überwindung der ungeheuren Spaltenbrüche. Dazu gibt es drei Möglichkeiten, das „Labyrinth", den „Buuch" und das „Loch" (Foura). Das „Labyrinth", der westliche Durchschlupf, ist ungemein steil, und wird mit Ski eigentlich nie begangen. Das „Loch" ist ein ziemlicher Umweg, der über die „Bellavista-Terrasse" mit mindestens drei zusätzlichen Entfernungskilometern an den Gipfelaufbau heranführt. Zudem hat das „Loch" zwischen 3500 und 3600 Metern eine derart arge Zerklüftung, daß man sich meist zu Fuß durchsuchen muß. Der mittlere Durchschlupf, der „Buuch", wird von Skibergsteigern am häufigsten gewählt. Tödliche Spaltenunfälle zeigen, daß beim Aufstieg — oft aber auch bei der Abfahrt — angeseilt werden muß!

Von der Hütte zum Morteratsch-Gletscher und sehr flach zu den felsigen Ausläufern von Fortezza, die den Gletscher im O begrenzen. Steil durch spaltenreiches Gelände zu einer Verflachung und gleich wieder steil zwischen einem Felssporn (P. 3087) und dem von Fortezza herabziehenden Grat. Geradeaus ginge es jetzt in das „Loch". Wir wenden uns oberhalb des Sporns nach rechts (SW) und wenig später — wieder sehr steil — zwischen

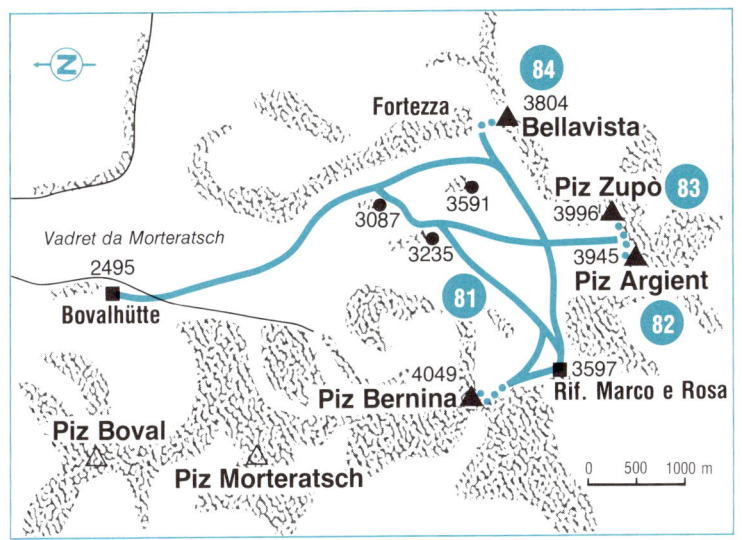

P. 3235 und P. 3591 hinauf. Jetzt können wir schon die unbewartete Schutz-hütte Marco e Rosa (3597 m) ansteuern. Eine Nächtigung auf dieser Hütte ist nicht empfehlenswert, weil ein Wetterumschwung verheerende Auswir-kungen haben könnte. Wer den Piz Bernina von seiner Kondition her nur auf zwei Raten packen kann, sollte ihn lieber lassen. Nun weiter über den schönen SO-Hang bis knapp unter den Vorgipfel **La Spalla** (4020 m; auch La Spedla: „Schulter"). Skidepot. Auf den Vorgipfel und über den Grat („Spalla-Grat") auf den Gipfel. Nicht sehr schwierig, aber ausgesetzt.

Piz Argient, 3945 m

Der „Silberne" ist etwas kürzer und leichter als der Piz Bernina. Von der Hütte Anstieg wie zum Piz Bernina bis nach dem Steilstück bei P. 3235. Hier geradewegs weiter Richtung S in den Sattel, Fuorcla dal Zupò (3851 m). Skidepot. Über den Ostgrat auf den Gipfel.

K: Hm 1500, Ekm 6,5, Z 5. Skt 1ab. Klt 0. Lg 2. Abf N.

83 Piz Zupò, 3996 m

Der „Verborgene" ist von der Schweizer Seite aus schwer erkennbar, obwohl der zweithöchste Gipfel der Bernina. Von der Fuorcla dal Zupò über die Westflanke in einer Viertelstunde ohne sonderliche Schwierigkeiten.

84 Bellavista, 3804 m

Die Bellavista ist ein Kamm von mehr als 1 km Länge mit mehreren, wenig ausgeprägten Gipfeln. Am leichtesten ersteigbar ist der Ostgipfel (3804 m). Um ihn zu erreichen, zweigt man in einer Höhe von etwa 3700 m vom Anstieg zum Piz Argient und Piz Zupò ab und steigt sehr steil Richtung O zur Bellavista-Terrasse auf. Unter dem gesamten Kamm vorbei bis zum östlichen Rand und steil, aber unschwierig von N her auf den Gipfel.

K: Hm 1300, Ekm 6,5, Z 4,5. Skt 1ab. Klt 0. Lg 2. Abf N.

*

TOURENBEREICH BERNINA SUOT, 2046 m

Die Bezeichnung „Bernina Suot" trägt der Talboden 7 km nach Pontresina bzw. 7 km vor dem Berninapass. Der gleichnamige Gasthof (CH-7749 Bernina-Suot, Tel. 082-66405) ist Ausgangspunkt für zahlreiche Skitouren. Sie liegen zum Teil in den Livigno Alpen wie **Piz Albris** (3164 m), **Piz Pischa** (3138 m), **Piz la Stretta** (3104 m), **Piz Minor** (3049 m) und **Piz Alv** (2975 m). Durch die Diavolezza-Seilbahn ist es möglich, auch in den Bernina Alpen berühmte Gipfel als Tagestouren zu besteigen: **Piz Palü** (3882 m), **Bellavista** (Ostgipfel, 3804 m), oder die bescheideneren Ziele **Gemsfreiheit** (3130 m) und **Munt Pers** (3207 m).

Der Piz Palü wird sehr viel besucht. Seine Abfahrt ist nach einer Reihe von Schönwettertagen nahezu zur Piste eingefahren. Die anderen Gipfel, insbesondere jene im Fain-Tal, sind jedoch keineswegs überlaufen.

Piz Palü, 3905 m

85

Großartiger Anstieg auf einen der schönsten Gletscherberge der Alpen. März bis Juni.

A: Bergstation der Diavolezza-Seilbahn (2973 m), deren Talstation sich etwas mehr als 1 km östlich von Bernina-Suot befindet.
K: Hm 1100, Ekm 3,5, Z 3,5. Skt 1ab. Klt 1e. Erhebliche Spaltengefahr. Lg 1. Der Piz Palü darf trotz der vielen (oft sehr leichtfertigen) Begeher nicht unterschätzt werden! Abf N (mitunter pistenähnlich).
LK: 1277 (Piz Bernina) bzw. 268 (Julierpass).

Mit der ersten Gondel der Seilbahn zur Diavolezza-Hütte (2973 m). Über den harten Firn, durch die vielen Abfahrten oft vereist, zum Pers-Gletscher. **Vorsicht:** Im Falle eines Sturzes Gefährdung durch Felsen. Auf dem Gletscher anfellen und über den durch ein kurzes Steilstück unterbrochenen Gletscher eher flach zum Beginn der gewaltigen Eisbrüche. Zum Glück für die meisten Palü-Besteiger haben Schweizer Bergführer fast immer bereits eine gute Spur durch die Brüche angelegt. Nach der Überwindung der Brüche zuerst mäßig steil, dann ziemlich steil zum Fuß der Ostflanke des Piz Palü (3731 m). Skidepot. Für den weiteren Aufstieg sind Steigeisen zumeist zweckmäßig. Seilsicherung empfehlenswert. Über den steilen Rücken zum Ostgipfel (3882 m), mit dem sich die meisten Besteiger im Winter zufriedengeben. Bei günstigen Verhältnissen sollte man jedoch auf den Übergang zum Hauptgipfel (3905 m) nicht verzichten: Ein herrlicher Wächtengrat führt hinüber.

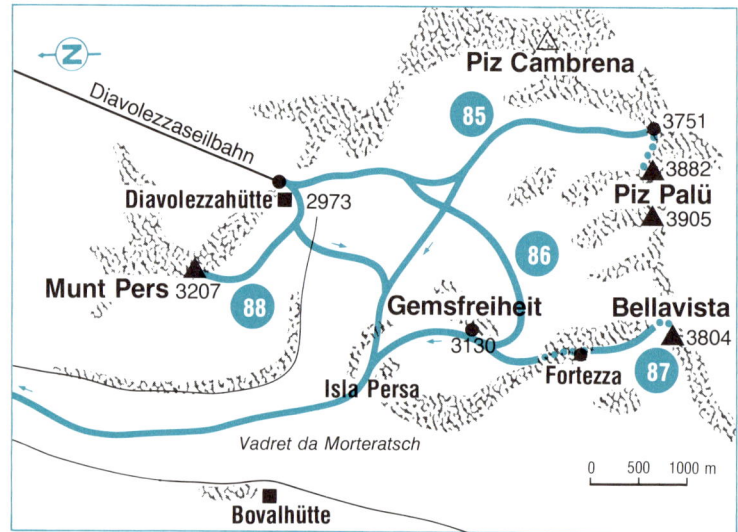

Abstieg zum Skidepot. Bei der Abfahrt folgen wir dem Pers-Gletscher bis wir bei etwa 2700 m in die Piste einzweigen. Kurzer Gegenanstieg bei der Isla Persa. Weitere Abfahrt auf der Piste bis zur Haltestelle Morteratsch der Rhätischen Bahn (1896 m). Mit der Bahn zurück (Haltestelle Bernina-Diavolezza).

86 Gemsfreiheit, 3130 m

Abfahrt zum Gletscher. In Richtung SW über den unteren flachen Teil des Pers-Gletschers. Nun steil nach W zum Beginn des „Fortezza-Grates". Noch vor dem Grat erreicht man den Vorgipfel Rifugi dals Chamuotschs (Gemsfreiheit).

K: Hm 400, Ekm 3, Z 1,5. Skt 0. Klt 0. Lg 0. Abf N.

→

Schwierig und gefährlich sind die Eisbrüche des Vadret Pers beim Anstieg zum 85 *Piz Palü (3905 m). Der größte Teil der vielen Palü-Besteiger hätte wenig Chancen, den begehrten Gipfel zu erreichen, wenn die Spur durch diese Brüche selbst gefunden werden müßte. Das besorgen zu ihrem Glück die einheimischen Bergführer. Im Mittelgrund des Bildes sieht man fast die ganze Ost-Abfahrt vom* 64 *Piz Chalchagn (3154 m).*

90

Bellavista, 3804 m 87

Vom überraschend geräumigen Plateau knapp unterhalb der Gemsfreiheit über den Gratrücken zur Fortezza (3369 m). Ski abschnallen und über Felsen (Klt 2), bis bei P. 3482 die Ski wieder angeschnallt werden können. Über den Rücken zum O-Gipfel der Bellavista.

K: Hm 1000, Ekm 4,5, Z 3,5. Skt 1a, Klt 2. Lg 0. Abf N.

Achtung: Wenn die Felsstufe im Fortezzagrat gut begehbar ist, ist dieser Weg der sicherste Anstieg zum Piz Bernina. Man vermeidet damit die gefährlichen Eisbrüche, die bei Neuschnee auch lawinengefährlich sein können.

Bei der Abfahrt fährt man von der Gemsfreiheit nicht auf der Anstiegsroute weiter, sondern zwischen ihr und P. 3143 geradewegs über den sehr schönen Fortezza-Gletscher zur Isla Persa, wo man kurz nach dem Gegenanstieg der bezeichneten Abfahrt von der Diavolezza auf die Piste stößt. Auf der Piste den Steilhang hinab zum Morteratsch-Gletscher und hinaus zur Haltestelle Morteratsch der Rhätischen Bahn. Mit der Bahn zurück zur Talstation.

Munt Pers, 3207 m 88

Kleine Ergänzung zur Pistenabfahrt, Februar bis April.

A: Diavolezza-Seilbahn, 1 km östlich von Bernina-Suot.
K: Hm 400, Ekm 1,5, Z 1,5. Skt 1a. Klt 0. Lg 0. Abf S.
LK: 1277 (Piz Bernina) bzw. 268 (Julierpass).

Mit der Seilbahn zur Diavolezza-Hütte (2973 m). Auf der Piste ein Stück abwärts, bis man bei etwa 2800 m unterhalb einiger Felsen nach rechts (W) abzweigen kann. Über die S-Flanke ohne Schwierigkeiten, aber etwas steil, zum Gipfel.

Nach einigen anstrengenden Bergfahrten ist es mitunter angenehm, eine Mini-Skitour mit anschließender Riesen-Abfahrt (über den Morteratsch-Gletscher) einzuschieben. Der Berg ist zudem ein schöner Aussichtspunkt,

←

Verträumte Almhütten an der Abfahrt vom 187 *Piz Arina (2828 m). Dieser Berg, zu dem man von Vnà aus aufsteigt, jedoch in das viel tiefer gelegene Ramosch abfahren kann, ist ein idealer Skiberg: bei vernünftiger Anlage der Spur und einigermaßen „normalen" Verhältnissen lawinensicher, skiläuferisch abwechslungsreich und keineswegs überlaufen.*

weil die berühmten Gipfel der zentralen Bernina zum Greifen nahe gegen-
überliegen, ohne daß man von Menschenmassen umgeben ist wie auf der
Diavolezza.

Routenskizze siehe Seite 90!

89 Piz Albris, 3166 m

Auf den „Berg der Steinböcke" – diesmal von Süden. Februar bis April.

A: Bernina Suot (2046 m).
K: Hm 1200, Ekm 10, Z 5. Skt 0. Klt 1. Lg 1. Abf N, S; lange Flachstücke.
LK: 1258 (La Stretta) bzw. 269 (Berninapass).

Durch das Fain-Tal zur Alp La Stretta (2427 m). Man kann auch schon
500 m vor der Alm mit dem Aufstieg über den mittelsteilen S-Hang beginn-
nen. Vorbei an P. 2598 und weiter zu einer Hochfläche, in der ein kleiner See
eingelagert ist (2805 m). Durch eine Mulde in 20 Minuten auf den **Piz
Tschüffer** (2916 m). Gipfelsammler können unschwierig auf der anderen
Seite des Sattels zum **Piz Sagliaint** (2945 m) aufsteigen. Kurze Abfahrt zum
Lej Tschüffer (2752 m). Über die Fuorcla Tschüffer (2834 m) zum Lej da
la Pischa (2770 m) und weiter zur Fuorcla Pischa (2874 m). Über den
Gletscher auf einen Vorgipfel (3137 m). Skidepot. Bei günstigen Verhält-
nissen über unschwierige Felsen auf den Hauptgipfel (3166 m).

90 Piz Pischa, 3138 m

Man wendet sich beim Lej Tschüffer (2752 m) nach NW und steigt bis in
eine Höhe von 2950 m an. In Richtung S einbiegen und unschwierig zum
Gipfel aufsteigen. — Rassige Abfahrtsvariante für gute Skiläufer. Vom
Lej Tschüffer ziemlich flach zu P. 2771 und über die steilen S-Hänge unmittelbar in das Fain-Tal abfahren.

K: Hm 1100, Ekm 7, Z 4. Skt 1a. Klt 0. Lg 1. Abf S.

91 Piz La Stretta, 3104 m

Bis zur Alp La Stretta (2427 m), dann weiter talein und über S-Flanke
zum Gipfel. Gute Skifahrer können vom Gipfel über die NW-Flanke und
weiter in das Fain-Tal abfahren.

K: Hm 1100, Ekm 7, Z 4. Skt 1a (Variante 2a). Klt 0. Lg 1. Abf S.

Piz Chatscheders, 2986 m

Von der Alp la Stretta auf die Fuorcla Chamuera (2790 m). Über den O-Rücken auf den Gipfel. Eine halbe Stunde kürzer als auf den Piz La Stretta. Auch von diesem Gipfel kann man (steil!) unmittelbar in das Fain-Tal abfahren.

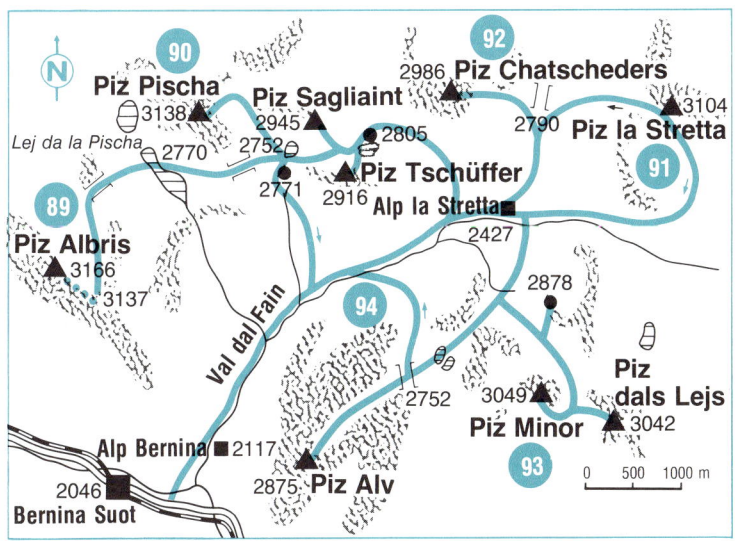

Piz Minor, 3049 m

Von der Alp La Stretta (2427 m) über den Bach (Brücke gleich unterhalb der Alm) und ziemlich genau Richtung S zu P. 2581. Jetzt etwas links halten (SO) und steiler zu P. 2831. Über den sehr flachen Minor-Gletscher zu einer Einsattelung zwischen Piz Minor und **Piz dals Lejs** (P. 2933). Von hier aus in jeweils 20 Minuten auf den Piz Minor oder auf den Piz dals Lejs.

K: Hm 1000, Ekm 7, Z 3,5. Skt 0. Klt 0. Lg 1. Abf N.

94 Piz Alv, 2975 m

Bei P. 2581 nach der anderen Seite abzweigen, also nach rechts (Richtung SW). Diese Grundrichtung beibehalten und über P. 2728 (zwei kleine Seen) und P. 2752 (Fuorcla Alv) über eine mäßig steile Flanke auf den Gipfel steigen.

Skiläuferisch besteht bei Piz Alv und Piz Minor ein arges Mißverhältnis zwischen mittelsteilen Hängen (meist Pulver) und großen Entfernungen in Flachstücken. Vom Piz Alv ist allerdings bei sicheren Schneeverhältnissen eine steilere Abfahrt möglich, wenn man ab P. 2752 unmittelbar ins Fain-Tal abfährt.

*

TOURENBEREICH BERNINAPASS, 2323 m

Der Berninapass ist 14 km von Pontresina, 7 km von Bernina Suot, entfernt. Die Straße ist ganzjährig befahrbar. Der Pass liegt in einer überraschend weiträumigen Seenlandschaft: Lej Pitschen („Kleiner See"), Lej Nair („Schwarzer See"), Lago Bianco („Weißer See"). Reihenfolge und Bezeichnung dieser Seen machen auch die Sprachgrenze deutlich.

Ganz nahe der Passhöhe befindet sich das Hotel Bernina-Hospiz (CH-7749 Bernina Suot, Tel. 082-50333). Bei diesem Hotel kann man parken, wenn man die ausgesprochen schönen Skiberge **Sassal Mason** (3032 m) und **Cresta da Caral** (3065 m) besteigen will.

Besonders schöne Tourenmöglichkeiten ergeben sich etwa 8 km nach der Passhöhe, von **Sfazú** (1622 m) aus: **Pizzo Paradisino** (3302 m), **Corno di Campo** (3232 m) und **Pizzo Confine** (2904 m). Zu einer hübschen Rundtour läßt sich eine Besteigung des **Piz Orsera** (3032 m) ausgestalten.

Viele Touren von der saosco-Hütte aus! siehe Karte

95 Sassal Mason, 3032 m

Idealer Skiberg mit kurzer Klettereinlage. Februar bis Mai.

A: Parkplatz beim Bernina-Hospiz (2307 m) oder bei der Abzweigung einer Baustraße am Beginn des Lago Bianco.
K: Hm 800, Ekm 3, Z 2,5. Skt 0 (Variante 1ab). Klt 1 (Wintergipfel 0). Lg 1. Abf N.
LK: 1278 (La Rösa) bzw. 269 (Berninapass).

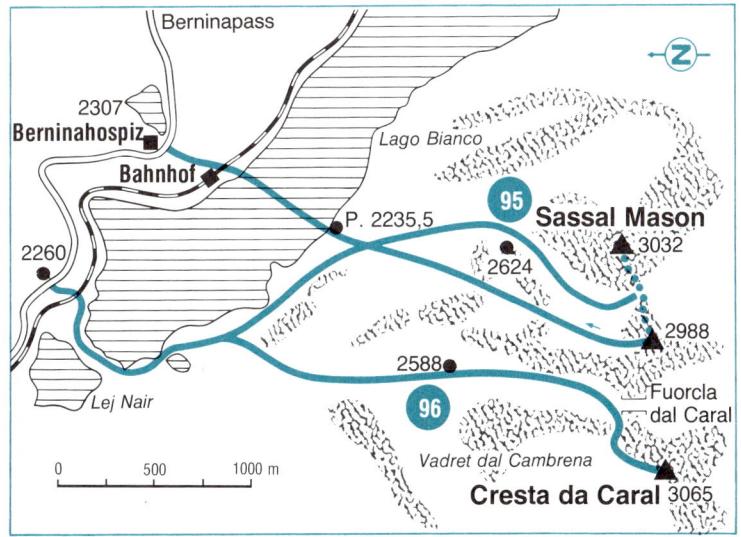

Vom Bernina-Hospiz (2307 m) knappe 50 Höhenmeter zum Bahnhof abfahren. Zuerst die Geleise und anschließend den zugefrorenen See überqueren. Der Anstieg beginnt bei P. 2235,5. Hierher gelangt man auch über die erwähnte Baustraße, die am Beginn des Lago Bianco abzweigt. Man erspart sich dadurch den kleinen Gegenanstieg nach der Tour. — Der Anstieg führt über Hänge idealer Steilheit (für die Abfahrt) zu P. 2624 und über den kleinen Gletscher zu einer Scharte zwischen Sassal Mason (3032 m) und Wintergipfel. Skidepot. Zu Fuß über den steilen Südwestgrat auf den Gipfel. Der „Wintergipfel" (2988 m) wird über den kurzen Ostgrat unschwierig erreicht. Gute Skiläufer können bei sicheren Verhältnissen die Ski auf den Gipfel mitnehmen und von ihm sehr steil abfahren. Sie können auch weiterhin von der Aufstiegsspur abweichen und geradewegs durch steile Rinnen und Mulden, zum Teil Engstellen zwischen Felsen, zum See abfahren.

Cresta da Caral, 3065 m

Zur Cresta da Caral steigt man etwas weiter westlich als zum Sassal Mason durch die Cambrena zu P. 2588 auf und über eine herrliche

Gletschermulde zur Fuorcula da Caral (2831 m) weiter. Man geht nicht ganz bis zur Scharte hinauf, sondern wendet sich bei 2800 m scharf nach rechts und quert unterhalb von Felsen zum O-Rand des Cambrena-Gletschers. Über diesen Gletscher (einige Spalten), zuletzt über unschwierige Felsen, zu P. 3065.

97 Pizzo Paradisino, 3302 m

Paradies mit schönem, aber langem Zustieg. März bis Mai.

A: Sfazú (1622 m), 7 km vom Berninapass.
K: Hm 1700, Ekm 9, Z 5,5. Skt 1a. Klt 1 (Trittsicherheit auf ausgesetztem Grat nötig). Lg 1. Abf S, SW.
LK: 1278 (La Rösa) bzw. 269 (Berninapass).

Auf der im Winter nicht geräumten Fahrstraße durch das Campo-Tal zum Rifugio Saoseo (1987 m) der Sektion Bernina des SAC (Anschrift: CH-7504 Pontresina). Wenn die Hütte unbewartet ist, kann man den Schlüssel im Bernina-Hospiz oder in Sfazú erhalten. — Nun durch die Val Mera bis zum Talschluß (P. 2358). Durch einen gut erkennbaren Taleinschnitt hinauf. Das Bachbett verengt sich zur Schlucht — Ski abschnallen und tragen. Nach dieser Einlage erreichen wir bei P. 2802 den Gletscher. Über diesen Gletscher bis unterhalb 3032 und um einige Felsen herum zu einem steilen Hang. Skidepot. An der rechten Begrenzung zum S-Grat. Über eine Firnschneide und einen kurzen Blockgrat auf den Gipfel.

Gipfelsammler können um den erwähnten Felsen herumfahren und zu P. 3126 aufsteigen. Über unschwierige Felsen zur „Schulter": **La Pala** (3169 m).

98 Corno di Campo, 3232 m

Um diese unerhört eindrucksvolle Berggestalt zu besteigen, zweigen wir im Gletscherbecken in einer Höhe von 3000 m nach rechts ab und steigen in der steilen Flanke so hoch wie möglich mit Fellen an. Skidepot am Beginn einer steilen Rinne. Durch diese Rinne und weiter auf einem Blockgrat (Klt 1) von O auf den Gipfel.

Gute Skiläufer sollten bei sicheren Verhältnissen nicht über den Anstiegsweg abfahren. Von beiden beschriebenen Gipfeln läßt sich P. 3031 erreichen, eine Einsattelung zwischen La Pala und Corno di Campo. Hier beginnt eine steile Abfahrt durch das Kar „Scispadus" über nicht weniger als 1000 Hm. Anschließend durch schütteren Wald zur Saoseo-Hütte und auf der Fahrstraße zurück nach Sfazú.

Pizzo Confine, 2904 m

1.4.95 + P. della valle 2988 m

99

Von der Saoseo-Hütte zum Viola-See (2159 m). Durch ein kleines Tälchen zu einem weiteren See (P. 2402) und ziemlich flach zu den vom Pizzo Confine nach N herabziehenden Rücken, den man bei P. 2455 erreicht (Staatsgrenze). Über den Rücken zum Gipfel.

K: Hm 1300, Ekm 8,5, Z 4,5. Skt 0. Klt 0. Lg 0. Abf S, SW.

Piz Orsera, 3032 m

100

Vom Pistenbetrieb in die Einsamkeit. Februar bis Mai.

A: Bernina-Hospiz (2307 m).
K: Hm 700, Ekm 4,5, Z 2,5 (Lifthilfe). Skt 0. Klt 0. Lg 1. Abf NO, SO über 1700 Hm.
LK: 1278 (La Rösa) und 1258 (La Stretta) bzw. 269 (Berninapass).

Vom Bernina-Hospiz mit Lifthilfe zu P. 2586,5 knapp oberhalb von Motta Bianca (2561 m). Abfahrt durch abwechslungsreiches Gelände in

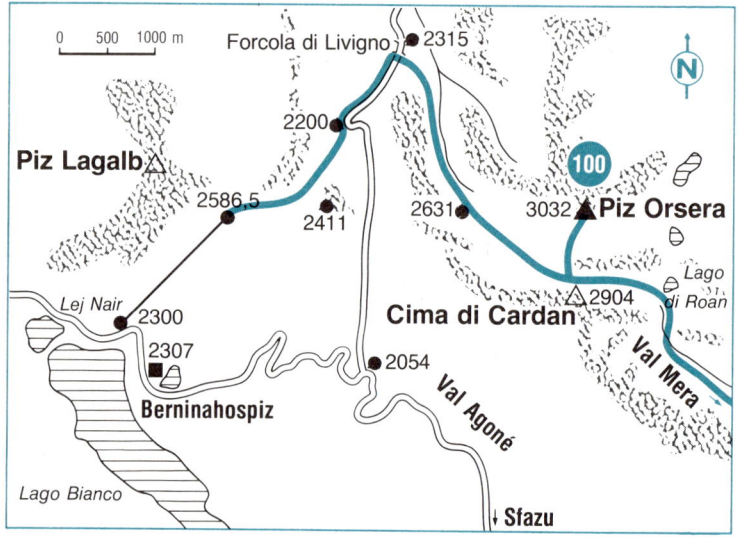

Richtung NO bis zur Straße, die nach Livigno führt (Wintersperre). Man erreicht sie bei etwa 2200 m. Anfellen und zur Forcola di Livigno (2315 m) ansteigen. Um einen Rücken herum in das Orsera-Tal. Sanft ansteigend zu P. 2631, weiter zu P. 2803 und auf den höchsten Punkt des langgestreckten Bergrückens: **Cima di Cardan** (2904 m). Bei günstigen Verhältnissen läßt sich von hier aus der **Piz Orsera** (3032 m) ersteigen.

Schöne Abfahrt in das Mera-Tal. Dieses Tal bis zur Saoseo-Hütte verfolgen und auf der verschneiten Fahrstraße nach Sfazú. Mit einem bereitgestellten Auto zurück zum Bernina-Hospiz (6 km). Trotz der geringen Anstiegsleistung anstrengend.

*

TOURENBEREICH ZUOZ, 1716 m

Der reizvolle Ort **Zuoz**, in der Werbung nicht ohne Grund als „besterhaltenes Dorf des Oberengadins" bezeichnet, bietet nicht nur Kunst- und Kulturdenkmäler, sondern auch eine große Fülle überraschend unterschiedlicher Skitouren. Dabei beziehe ich allerdings eine Reihe von Ausgangspunkten ein, die sich wenige Kilometer vor oder nach Zuoz befinden.

Kurze Anstiege führen auf den O-Gipfel der **Crasta Mora** (2786 m) und den sonnseitig gelegenen Nachbarn **Muntischè** (2528 m). Ein gemütlicher Skiberg, der sich auch für Kinder und Tourenneulinge eignet, ist der **Munt Müsella** (2630 m). Dieser Gipfel steht auch am Ende von zwei großzügigen Abfahrten, die unter Route ④⑧ und ④⑨ beschrieben wurden — siehe Seite 61 und 62!

In schroffem Gegensatz dazu stehen die Anstiege auf zwei eindrucksvolle Gipfel, den **Piz Kesch** (3418 m), einen dunklen Felsklotz, und den **Piz Blaisun** (3200 m), eine ebenmäßig geformte weiße Pyramide.

Unmittelbar von Zuoz aus kann man schöne und leichte Firntouren auf den **Piz Griatschouls** (2955 m), **Pizzet** (2609 m) und **Piz Belvair** (2822 m) ebenso unternehmen wie schattseitige Touren, die Pulverschnee versprechen: **Piz Utèr** (2907 m), **Piz Arpiglia** (2765 m) und **Piz Murtiröl** (2660 m).

Nur 2 km nach Zuoz liegt der Ausgangspunkt für den langen Anstieg zum **Piz Chaschauna** (3071 m), an der Grenze zum Schweizer Nationalpark, und zum **Piz Chaschanella** (2929 m). Die **Punta Casana** (3007 m) läßt sich bei dieser Unternehmung als Draufgabe leicht mitnehmen.

Ebenfalls recht langwierig, aber landschaftlich reizvoll, ist der Zustieg zu **Piz Viroula** (3064 m), **Scalettahorn** (3068 m) und **Piz Grialetsch** (3131 m) durch das Susauna-Tal. Es ist das letzte Tal, das noch im Oberengadin liegt.

Mit Ausnahme des Piz Kesch, der insbesondere von der anderen Seite her, von Bergün, viel bestiegen wird, ist dieser Tourenbereich nicht überlaufen. Von einheimischen Tourengehern wird am ehesten noch der Piz Arpiglia aufgesucht. So lange die Schlepplifte den Anstieg verkürzen, bis etwa Mitte März, sollte man auch Pizzet und Piz Belvair meiden, wenn man Ruhe und Einsamkeit sucht.

Die Berge links vom Inn, die man im Tourenbereich Zuoz besteigen kann, gehören durchwegs zu den Albula Alpen, die Berge rechts vom Inn zu den Livigno Alpen.

Auskunft und Zimmernachweis: Verkehrsbüro CH-7524 Zuoz, Tel. 082-71510.

🔵101 Crasta Mora (Ostgipfel), 2786 m

Kurzer Anstieg auf einen aussichtsreichen Gipfel. Jänner bis April.

A: La Punt (1697 m), 6 km vor Zuoz, bzw. Alp Alesch (2075 m) an der Albula-Pass-Straße.
K: Hm 800, Ekm 6, Z 2,5. Skt 1a. Klt 0. Lg 1. Abf N.
LK: 1237 (Albulapass) bzw. 258 (Bergün).

Die Tour ist nur lohnend, wenn die Straße bis zur 7. Kehre (1950 m) befahrbar ist. Von der Alp Alesch über weite Almböden (Funtaunas, P. 2334) zu einer beiderseits von Felsen gesperrten Mulde. An der rechten (westlichen) Begrenzung zu einem See (2520 m). In Richtung SO auf den Rücken (kurzes Steilstück) und über diesen von NO auf den Gipfel. Eindrucksvolle Aussicht auf das gesamte Oberengadin, insbesondere auf die zentrale Bernina.

Bei der Abfahrt von der Crasta Mora können gute Skiläufer den Rücken bis zu P. 2744 verfolgen und dann unmittelbar in Richtung NO zur 7. Kehre (P. 1950) abfahren.

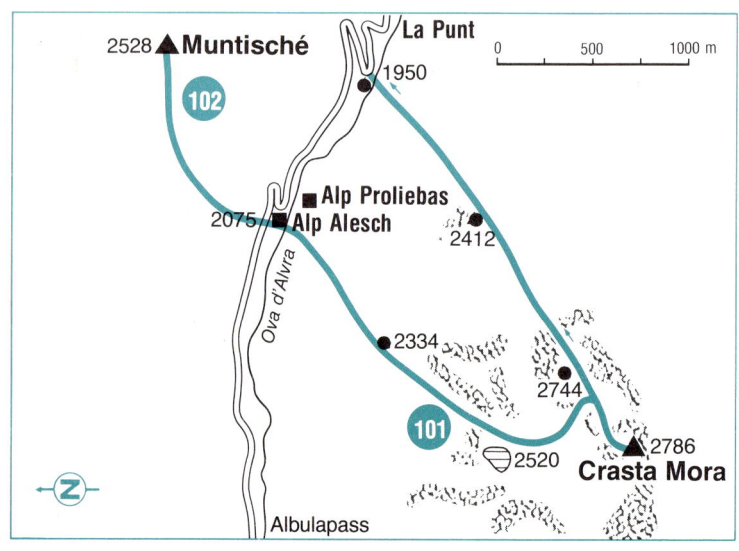

Muntischè, 2528 m

Der Gipfel wird, ebenfalls von der Alp Alesch (2075 m) ausgehend, in einer guten Stunde in einem leichten Rechtsbogen erreicht. Die steilen Hänge sind insbesondere bei Firn genußvoll zu befahren.

Munt Müsella, 2630 m

Hübscher Skiberg für Schlechtwettertage. Jänner bis April.

A: Chamues-ch (1708 m), 5 km vor Zuoz.
K: Hm 900, Ekm 3, Z 2,5. Skt 1ab. Klt 0. Lg 1. Abf N.
LK: 1237 (Albulapass) bzw. 258 (Bergün).

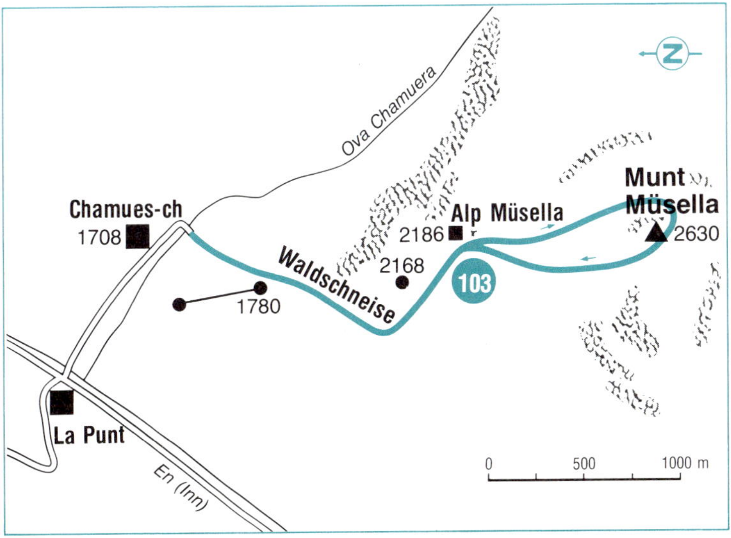

Zur Bergstation eines kleinen Schlepplifts (1780 m). Etwas links davon zieht eine verhältnismäßig schmale Schneise durch den Wald. Durch sie erreichen wir die Alp Müsella (2168 m) und über den breiten Hang, steileren Abschnitten ausweichend, den Gipfel. Bei der Abfahrt kann man bei sicheren Verhältnissen den weiten Bogen vermeiden und vom Gipfel unmittelbar zur Alp Müsella abfahren.

Der Munt Müsella wird auch bestiegen, wenn wir bei Route **48** vom Piz Utèr oder bei **49** von der Crasta Burdun kommen.

104 Piz Kesch, 3418 m

Auf den höchsten Berg der Albula Alpen. März bis Mai.

A: Madulain (1697 m), 3 km vor Zuoz bzw. Chamanna d'Es-cha des SAC (2594 m).
K: Hm 1700, Ekm 8, Z 5,5. Skt 1a. Klt 2, bei Vereisung heikel. Lg 1. Geringe Spaltengefahr. Abf NO, SO.
LK: 1237 (Albulapass) bzw. 258 (Bergün).

Von Madulain in einem weiten Linksbogen ins Es-cha-Tal und zur Alp Es-cha Dadains (2172 m). Im Müra-Tal aufwärts, um den Muot Ot (2562 m) zur Schutzhütte. (Die Hütte gehört der Sektion Bernina, CH- 7504 Pontresina, und ist unter Tel. 082-71755 erreichbar. In der Skitourenzeit nicht durchgehend bewartet.) Wer hier nächtigt, erspart sich am nächsten Tag 2,5 Gehstunden. Der Rücken, auf dem die Hütte steht, wird weiter verfolgt bis unterhalb der Porta d'Es-cha (3008 m). Unter der Scharte ist es sehr steil. Die letzten Meter sind durch ein Drahtseil versichert und ohne Ski zu begehen. Im südlichen Teil des Porchabella-Gletschers möglichst hoch ansteigen. Skidepot. Steil zum NO-Grat. Über den Grat zum Gipfel. Einige Steilstufen können links (Ostflanke) umgangen werden.

105 Piz Blaisun, 3200 m

Diese schön geformte Pyramide erreicht man, indem man sich von der Alp Es-cha Dadains (2172 m) weiterhin im Tal hält, also nicht ins Müra-Tal abzweigt. Eine kleine Schlucht bei 2400 m umgeht man rechts (nördlich) und kehrt dann wieder ins Bachbett zurück, verläßt dieses allerdings wenig später nach links in eine weite Mulde. Durch diese Mulde auf den Kamm nahe P. 2995. Skidepot. Über den Kamm (O-Grat) unschwierig auf den Gipfel. Ist der Grat verblasen oder abgeweht, geht man besser über die Fuorcla Pischa (2871 m) und den N-Rücken zum Gipfel.

K: Hm 1500, Ekm 7, Z 5. Skt 1a. Klt 0. Lg 1. Abf NO, SO.

Rassiger Anstieg **von Süden.** Empfehlenswert, wenn ab Juni die Albulapass-Straße geöffnet ist.

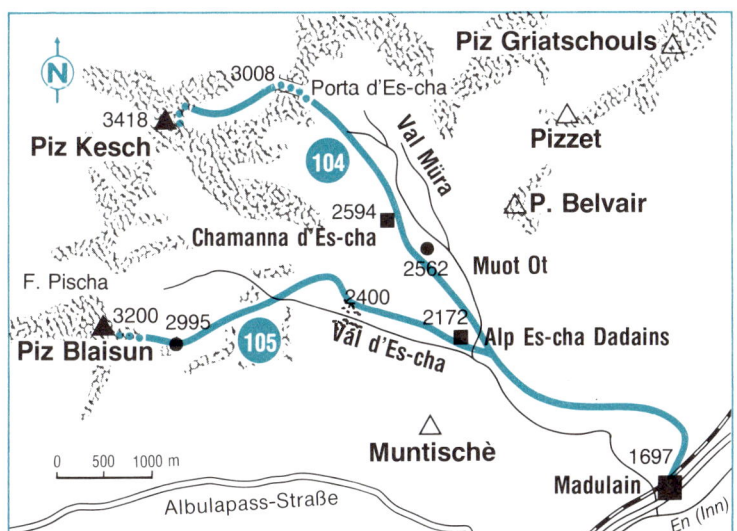

Piz Griatschouls, 2955 m

106

Herrliche Firnhänge über dem Inn-Tal. Jänner bis April.

A: Zuoz (1716 m) bzw. einige Häuser im NO des Ortes (etwa 1780 m).
K: Hm 1200, Ekm 5, Z 3,5. Skt 1a. Klt 0. Lg 1. Abf SO, S.
LK: 1237 (Albulapass) bzw. 258 (Bergün).

Die Val d'Urezza wird bei P. 1796 gequert und genau Richtung N zu
P. 2096 angestiegen. In einem leichten Linksbogen zu P. 2563 und in der
Fortsetzung des Rückens zu P. 2955. Skidepot. Unschwierig auf den Gipfel.
Der Hauptgipfel (2972 m) wird von rechts (O) her unschwierig erstiegen.
Das Skidepot muß allerdings wesentlich tiefer errichtet werden (2820 m).
Skiläuferisch ist unser W-Gipfel (2955 m) reizvoller.

Pizzet, 2909 m

107

Als unmittelbaren Ausgangspunkt wählen wir am besten den großen
Parkplatz bei den Liften oberhalb von Zuoz. Liftbenützung verkürzt den
Anstieg um fast zwei Stunden. Auf dem breiten Hang ohne alle Schwierig-

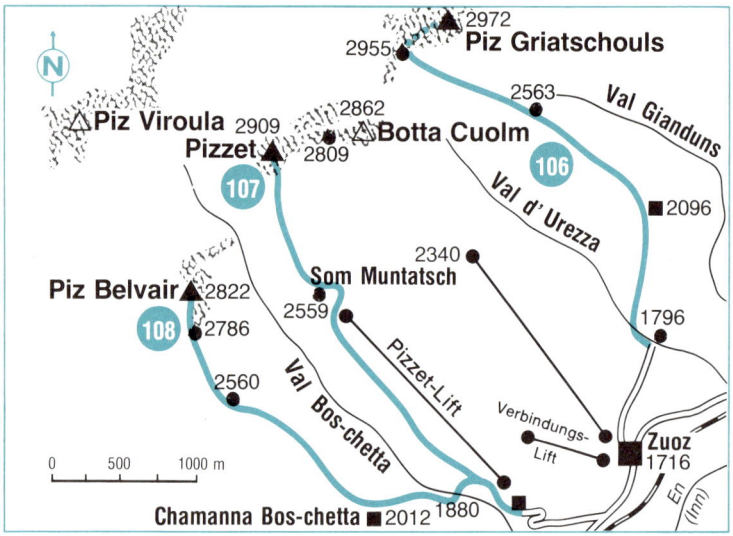

keiten zur vorgeschobenen Kuppe Som Muntatsch (2559 m) und weiter über den breiten, später schmäleren Rücken auf den Gipfel. Der Gipfel lohnt für den Tourengeher erst, wenn der Schlepplift nicht mehr in Betrieb ist, der in der Nähe von P. 1848 beginnt („Pizzet-Lift"). Selbstverständlich kann man aber auch den Lift benützen und dadurch den Gipfelanstieg auf 1,5 Stunden verkürzen. Die Piste wird allerdings so breit präpariert, daß es unmöglich ist, „tourenmäßig" abzufahren.

K: Hm 1100, Ekm 4,5, Z 3,5. Skt 0. Klt 0. Lg 1. Abf S.

108 Piz Belvair, 2822 m

Wir parken bei den Liften oberhalb von Zuoz, bleiben aber nicht im Liftbereich, sondern queren über eine Brücke (etwa 1880 m) in die Val Bos-chetta und steuern die gleichnamige Hütte an (2012 m). Über schöne Hänge zu einem flachen Rücken bei P. 2560 und über diesen Rücken, teilweise recht steil, unmittelbar auf den Gipfel.

K: Hm 1000, Ekm 4,5, Z 3. Skt 0. Klt 0. Lg 1. Abf S.

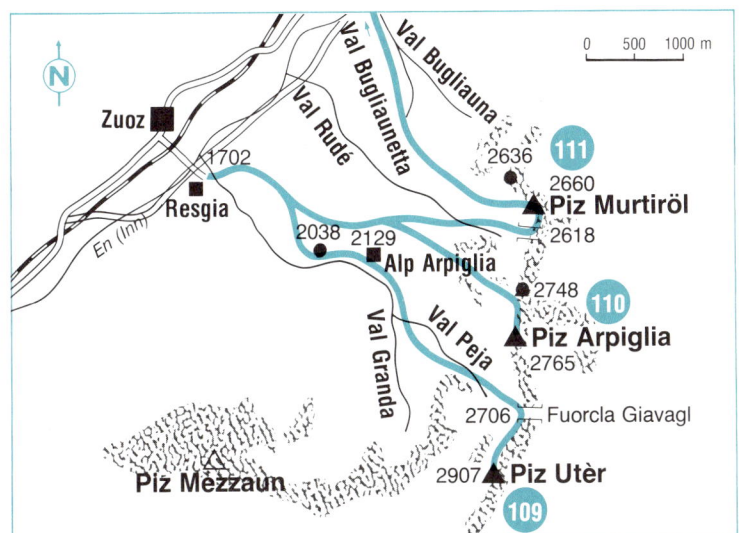

Piz Utèr, 2907 m

109

Schöner Skigipfel, wenig besucht. Jänner bis April.

A: Häusergruppe an der neuen Umfahrungsstraße.
K: Hm 1200, Ekm 4,5, Z 3,5. Skt 1a. Klt 0. Lg 1. Abf N.
LK: 1237 (Albulapass) und 1238 (Piz Quattervals) bzw. 258 (Bergün) und 259 (Ofenpass).

  Parkmöglichkeit am Beginn einer Loipe. Über die Hänge östlich des Arpiglia-Baches hinauf, bis man bei P. 2038 zum Bach selbst gelangen kann. Den Bach entlang zur Alp Alpiglia (2129 m) und weiter über den deutlichen Rücken zwischen Val Peja und Val Granda (teilweise steil). Zur Fuorcla Giavagl (2706 m) über den NO-Grat zum Gipfel.

Piz Arpiglia, 2765 m

110

  Wir bleiben auf dem erwähnten Hang östlich des Arpiglia-Baches und steigen über einen Rücken auf, der von einem Vorgipfel (P. 2748) herab-

zieht. Von diesem Vorgipfel in wenigen Minuten auf den Piz Arpiglia.
K: Hm 1100, Ekm 4, Z 3,5. Skt 0. Klt 0. Lg 1. Abf NW.

⑪ Piz Murtiröl, 2660 m

Der Anstieg zum Piz Arpiglia wird bei etwa 2300 m verlassen. Wir ziehen nach links in die Val Rudè hinein. Über den Westhang zur Fuorcla (2618 m). Unschwierig weiter zum Gipfel. Bei der Abfahrt kann man unmittelbar vom Gipfel in die Val Rudè einfahren. Eine rassigere Abfahrtsvariante führt durch die Val Bugliaunetta. Auch als Anstieg: Schnellstraße beim Hinweis „S-chanf", vor oder nach der Unterführung parken.
K: Hm 1000, Ekm 4, Z 3. Skt 0. Klt 0. Lg 1. Abf N.
(Routenskizze S. 107!)

⑫ Piz Chaschauna, 3071 m

Gipfel an der Grenze zum Nationalpark. März bis Mai.

A: S-chanf (1662 m), 2 km nach Zuoz bzw. Parkplatz für Nationalparkbesucher.
K: Hm 1400, Ekm 8, Z 4,5. Skt 1ab. Klt 0. Lg 1. Abf W, N.
LK: 1238 (Piz Quattervals) bzw. 259 (Ofenpass).

In S-chanf zweigen wir von der Hauptstraße ab und im Talboden zu P. 1665 und noch ein kleines Stück weiter zum Parkplatz für Nationalparkbesucher. Im Tal ein kurzes Stück weiter zu P. 1736 und über eine Brücke in das Tal des Chaschauna-Baches. Über die Alp Chaschauna (2210 m) nach Margun (2362 m). Beim weiteren Anstieg zum Pass Chaschauna (2694 m) wird es endlich steil. Über den Kamm zu P. 2788 ohne Höhenverlust den Hang queren zu P. 2896 in der Verbindung zum Piz Chaschauna und Punta Casana aufsteigen. Skidepot. Über den S-Grat unschwierig auf den Gipfel. Gipfelsammler können über den N-Rücken auch die **Punta Casana** (3007 m) besteigen.

Gute Skiläufer können vom Skidepot bei P. 2896 unmittelbar in den Talboden abfahren.

(Routenskizze S. 111!)

→

*Anstieg zum ⑩⑨ **Piz Utèr** (2907 m). Der heikelste Teil des Anstiegs steht noch bevor: die im Schatten gelegene kleine Kuppe nach der Gabelung des Tales, die über einen etwas lawinenbedrohten Steilhang erreicht wird.*

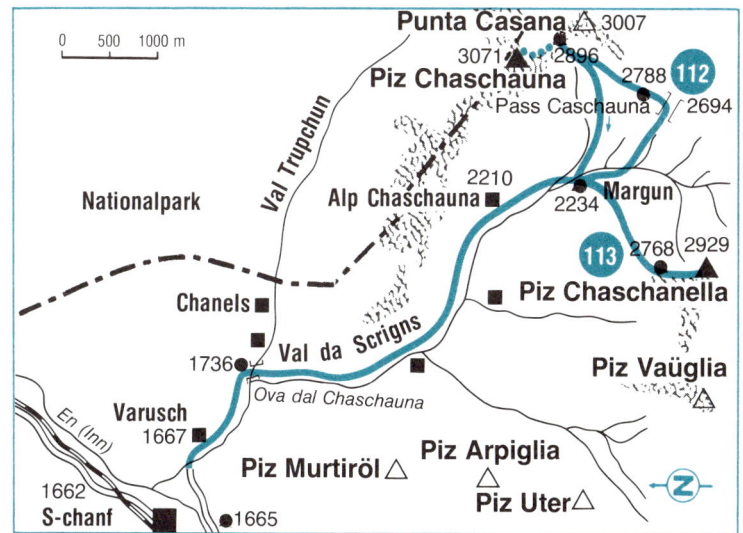

Piz Chaschanella, 2929 m

Um diesen Gipfel zu besteigen, steigt man nicht nach Margun auf, sondern auf den gegenüberliegenden Hang zu einer Einsattelung (P. 2768) am N-Rücken des Gipfels. Über diesen N-Rücken oder die N-Flanke unschwierig mit Ski zum Gipfel.

Piz Viroula, 3064 m

Für Freunde einsamer Gipfel. März bis Mai.

A: Susauna (1682 m), Häusergruppe am gleichnamigen Bach; Abzweigung aus dem Inn-Tal, 6 km nach Zuoz.
K: Hm 1400, Ekm 6,5, Z 4,5. Skt 1ab. Klt 1. Lg 1. Abf NO, SO.
LK: 1237 (Albulapass) bzw. 258 (Bergün).

←

Abfahrt vom 🔵**109** *Piz Utèr (2907 m) bei 30 cm Pulver – 1200 Höhenmeter skiläuferischer Genuß! Dieser Genuß fand übrigens nicht im Hochwinter statt, wie die Verhältnisse vermuten lassen, sondern nach einem kräftigen Schneefall im April 1983.*

111

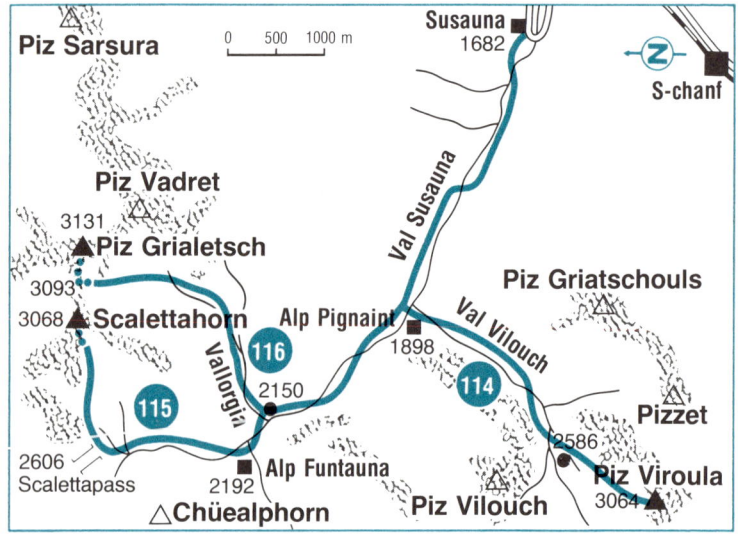

Bei Chapella, 6 km nach Zuoz, von der Hauptstraße abzweigen. Zur Häusergruppe Susauna (1682 m). In diesem Tal bis zur Alp Pignaint (1898 m). Nach links in das Viluoch-Tal und bis zum Talschluß. Links neben den Felsen unterhalb P. 2586 zum Viluoch-Gletscher aufsteigen. Mit Ski bis zu den Felsen (etwa 3000 m). Über mäßig schwierige, aber ziemlich steile Felsen etwas von rechts auf den Gipfel.

115 Scalettahorn, 3068 m

Für Freunde großzügiger Landschaftsdurchquerungen. Zusätzlich LK 1217 (Scalettapass) erforderlich. Wir zweigen nicht ins Viluoch-Tal ab, sondern steigen im Susauna-Tal weiter. Von der Alp Funtauna weg nicht dem Sommerweg folgen, sondern in der Talmulde aufsteigen zum Scaletta-Pass (2606 m), einem früher oft begangenen Übergang nach Davos. Vom Pass unschwierig auf den flachen Gletscher südlich des Scalettahorns und mit Ski bis knapp unter den Gipfel, zuletzt sehr steil.

K: Hm 1400, Ekm 8, Z 5. Skt 1ab. Klt 0. Lg 1. Abf S, SO.

Piz Grialetsch, 3131 m

Vom Anstieg zum Scalettapass knapp vor der Alp Funtauna, bei P. 2150, in das Vallorgia-Tal abzweigen. Steil zum Vallorgia-Gletscher und über den flachen Gletscher zu P. 3043 am W-Grat des Gipfels. Wenig später Skidepot. Über den unschwierigen Grat auf den Piz Grialetsch. (Von N her, von der Grialetsch-Hütte, wird der Gipfel häufig bestiegen.)

K: Hm 1450, Ekm 8, Z 5,5. Skt 1ab. Klt 0. Lg 1. Abf S, SO.

*

TOURENBEREICH ZERNEZ, 1472 m und OFENPASS, 2149 m

In Zernez befinden wir uns bereits im Unterengadin. Die genaue Grenze ist die Einmündung der Val Punt Ota in das Inn-Tal. Die Häusergruppe Brail, die an dieser Einmündung liegt, gehört bereits zum Unterengadin.

Eine ungewöhnliche Skitour, die selten begangen wird, führt durch diese Val Punt Ota auf den **Piz Vadret** (3229 m). Der Anstieg ist lang und im letzten Teil schwierig.

Ganz in der Nähe von Zernez ist auch der Ausgangspunkt zu **Piz Sarsura** (3178 m), **Piz Sarsuret** (3126 m) und dem **Piz d'Urezza** (2906 m). Es handelt sich durchwegs um lange und anspruchsvolle Anstiege.

Wenig bekannt ist der **Piz Laschadurella** (3046 m), ein schöner Skigipfel am Rande des Nationalparks.

Von Zernez kommt man auf einer gut ausgebauten Straße in kurzer Zeit auf den **Ofenpass** (2149 m). Die Tourenmöglichkeiten rund um den Ofenpass sind etwas eingeschränkt, weil die Grenze des Schweizer Nationalparks bis auf 2 km an die Passhöhe heranreicht. Im Nationalpark ist das Verlassen der markierten Wege verboten. Zudem gehen diese Wege im allgemeinen nicht auf die Gipfel. Die Auswahl beschränkt sich damit zwangsläufig auf den unbedeutenden **Munt Buffalora** (2630 m) und den häufig erstiegenen **Piz Daint** (2968 m), der mit Recht für seine herrliche Aussicht berühmt ist. Nördlich des Passes ist der **Piz Vallatscha** (3021 m) erreichbar, wenn man will, über einen zusätzlichen Gipfel, den **Munt da la Bes-cha** (2698 m).

Die Gipfel links vom Inn zählen zu den Albula Alpen; die Gipfel rechts vom Inn zu den Livigno Alpen, bzw. (Vallatscha und Bes-cha) zur Sesvenna-Gruppe.

Auskunft und Zimmernachweis: Verkehrsbüro CH-7530 Zernez, Tel. 082-81300. Was die Gegend um den Ofenpass betrifft, kann man sich auch an das Verkehrsbüro Val Müstair wenden: CH-7531 Sa. Maria, Tel. 082-85566.

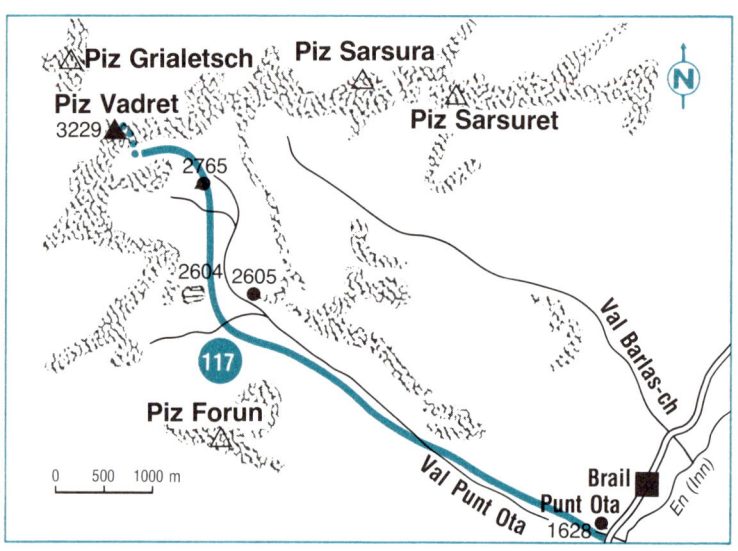

⑪ Piz Vadret, 3229 m

Ein Gipfel für Skibergsteiger. März bis Mai.

A: Punt Ota (1628 m), die Grenze zwischen Oberengadin und Unterengadin, 8 km vor Zernez.
K: Hm 1600, Ekm 7, Z 6. Skt 1a. Klt 2. Lg 1. Keine Spaltengefahr. Abf SO.
LK: 1218 (Zernez) und 1217 (Scaletta-Pass) bzw. 259 (Ofenpass) und 258 (Bergün).

Bei der Einmündung des Punt Ota-Baches beginnt unsere Tour. Mit Vorteil zweigt man schon 500 m früher von der Hauptstraße ab und fährt auf einem schmalen Weg bis zu einer kleinen Brücke, eben der „Punt Ota". Durch das Tal zu P. 2605 und weiter zu P. 2765. In einem weiten Linksbogen über den spaltenlosen Gletscher zu einer Schlucht, die vom Gipfel nach SO herabzieht. Durch diese Schlucht, den sogenannten „Südost-Kamin", erfolgt der Aufstieg. Wenn die Schlucht gut mit Schnee gefüllt ist, kann man noch ein gutes Stück mit Ski ansteigen. Skidepot. Wenn sich die Schlucht zu verengen beginnt, nach links zu einem Absatz und, weiterhin links haltend, auf den Gipfel.

Piz Sarsura, 3178 m   118

Wenig begangener Weg zu einem viel begangenen Skiberg. März bis Mai.

A: Chrastatscha Suot (1450 m), 3 km nach Zernez, am Eingang zum Sarsura-Tal.
K: Hm 1750, Ekm 8, Z 5,5. Skt 1a. Klt 0. Lg 1 (Steilflanken beim Anstieg durch das Tal). Kaum Spaltengefahr. Abf NO.
LK: 1218 (Zernez) bzw. 259 (Ofenpass).

Der Piz Sarsura wird von der Grialtsch-Hütte aus viel besucht. Der hier beschriebene Anstieg ist vermutlich nicht nur einsamer, sondern auch schöner. Im Tal des Sarsura-Baches bis in eine Höhe von 2100 m. Einige Felsen werden links umgangen. Entweder rechts oder links von P. 2576 zwischen Felsen hindurch auf den Sarsura-Gletscher (wenige Spalten), zum N-Rücken und über diesen mit Ski auf den Gipfel.

Sarsura Pitschen, 3133 m   119

Dieser Gipfel, skiläuferisch besonders schön, kann bei günstigen Verhältnissen über den O-Hang mit Skiern erstiegen werden. Sonst bleibt immer noch die Möglichkeit, von der Fuorcla Sarsura über den S-Grat aufzusteigen.

Piz Sarsuret, 3126 m   120

Dazu wenden wir uns in einer Höhe von 2500 m etwas nach links, zu einem See bei P. 2677, und erreichen ein fast spaltenfreies Gletscherbecken, dem wir bis knapp unter den Gipfel folgen können. Die letzten Meter zu Fuß.

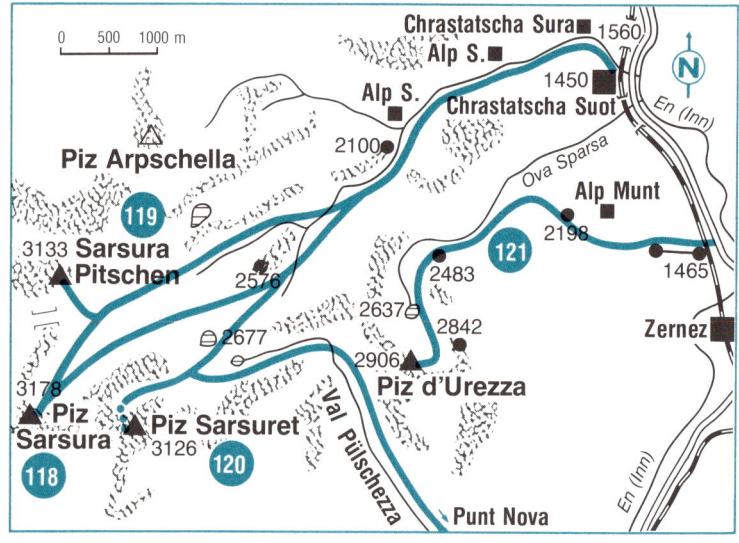

Die Abfahrt durch die windgeschützte und steile Mulde ist meist noch
schöner als diejenige über den Sarsura-Gletscher. Der Zeitaufwand ist für
beide Gipfel gleich. — Eine reizvolle Abfahrt führt durch die Val Pülschezza
nach Punt Nova (1511 m) im Inntal — steil und rassig, nur bei günstigen
Verhältnissen. Punt Nova (1511 m) ist eine Straßenbrücke über den Inn,
4 km vor Zernez.

121 Piz d'Urezza, 2906 m

Dieser Anstieg ist wegmäßig kürzer und ein ordentliches Stück steiler.
Zu einem Schlepplift kurz nach dem Ortsausgang von Zernez (1465 m).
Durch breite Schneisen zu P. 2198 und — etwas heikle Querung — in die
Val Sparsa. In diesem Tal zu P. 2483 und, einige Felsen rechts umgehend,
zu einem winzigen See (P. 2637). In einer schönen Mulde zu einer Einsattelung zwischen dem Piz d'Urezza und P. 2842. Mit Ski, zuletzt recht
steil, auf den Gipfel.

K: Hm 1450, Ekm 4, Z 4. Skt 1ab. Klt 0. Lg 1. Abf N, O.

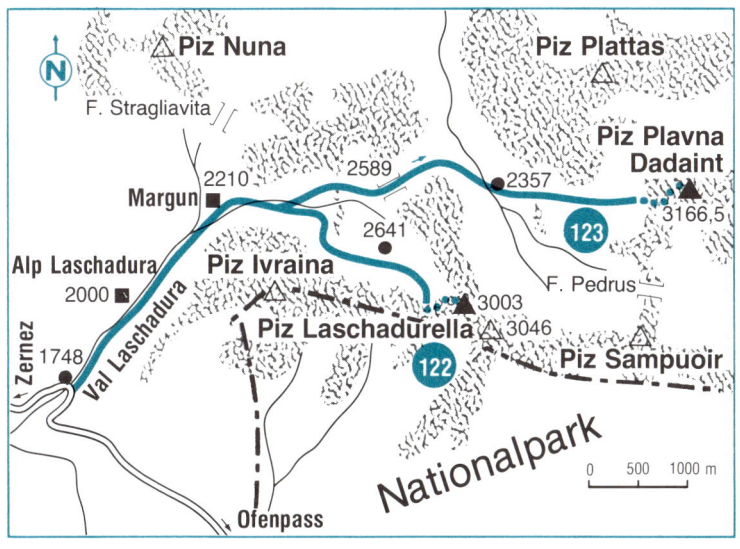

Piz Laschadurella, 3046 m

Schöner Gipfel am Rande des Nationalparks. Februar bis April.

A: Straße zum Ofenpass, Eingang zum Laschadura-Tal (P. 1748), 4,5 km von Zernez.
K: Hm 1300, Ekm 5, Z 4. Skt 1a. Klt 0. Lg 1. Abf NW, S.
LK: 1218 (Zernez) bzw. 259 (Ofenpass).

Vom Parkplatz zur Alp Laschadura (2000 m) und nach Margun (2210 m). Wir verfolgen das Tal weiter bis in eine Höhe von 2400 m, umgehen dann einen auffälligen Felsabbruch rechts und steuern einen mächtigen NW-Hang an. Über diesen Hang, zuletzt recht steil, in eine Einsattelung. Für eine Besteigung des Hauptgipfels müßte man das Gebiet des National-parks betreten. Es wird daher empfohlen, sich mit einem Vorgipfel (P. 3003) zu bescheiden, der von der Einsattelung zu Fuß ohne Schwierigkeiten erreicht werden kann.

123 Piz Plavna Dadaint, 3167 m

Einer der schönsten Gipfel des Unterengadins, jedoch nur durch endlose Täler zu erreichen (Val Plavna von Tarasp oder Val Sampuoir von Ardez). Als eigenwillige und skiläuferisch reizvolle Möglichkeit bietet sich an, den erwähnten sperrenden Felsriegel nicht rechts, sondern links zu umgehen und zur Laschadurella-Scharte (2589 m) aufzusteigen. Kurze Abfahrt in die Val Sampuoir, dabei rechts halten zu P. 2357. Neuerlich anfellen. Ziemlich genau Richtung O in eine mächtige Mulde. In ihr steigen wir möglichst hoch hinauf. Skidepot. Durch eine steile Rinne zum SW-Grat. Ohne größere Schwierigkeiten zum Gipfel.

K: Hm 1900, Ekm 7, Z 6. Skt 1a. Klt 1. Lg 1. Abf W, S.

Dieser Anstieg ist zeitlich nicht kürzer, aber skiläuferisch wesentlich interessanter als der Anstieg durch die beiden erwähnten langen Täler.

124 Piz Daint, 2968 m

Viel besuchter Aussichtsberg über dem Ofenpass. Jänner bis April.

A: Gasthaus Stradin (1968 m), 19 km von Zernez.
K: Hm 1000, Ekm 5, Z 3. Skt 0. Klt 0. Lg 1. Abf W, N.
LK: 1239 (Sta. Maria) bzw. 259 (Ofenpass).

Vom Parkplatz beim Gasthaus Stradin ziemlich flach zur Alp Buffalora (2038 m) und weiterhin flach zu einer Almfläche (Jufplaun). Über einen SW-Hang etwas oberhalb von P. 2641 auf den W-Rücken und über diesen zum Gipfel. Gute Skiläufer können bei sicheren Schneeverhältnissen unmittelbar vom Gipfel (Skt 2a!) oder von P. 2641 zum Almboden Murtaröl hinabfahren. Nach einem flacheren Teilstück geht es dann ein zweites Mal steil zwischen Felsen hinunter. Die Abfahrt endet bei P. 2078, 1 km nach der Passhöhe.

$\rightarrow$

Im ersten Teil der Abfahrt vom **132** *Flüela Schwarzhorn (3146 m). Im Mittelgrund ist der westliche Anstieg auf das* **133** *Radüner Rothorn (3022 m) gut zu erkennen. Im Hintergrund die großartigen Skiberge rund um die Grialetsch-Hütte, besonders eindrucksvoll der felsige* **129** *Piz Vadret (3229 m), der alpinistisch anspruchvollste Gipfel dieser Runde.*

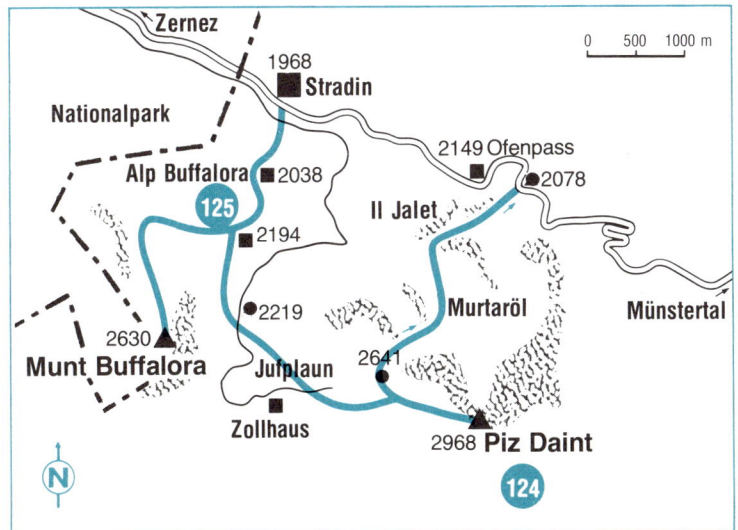

Munt Buffalora, 2630 m

Ein gemütlicher Gipfel mit nur zwei Stunden Anstiegszeit. Zur Alp Buffalora (2038 m) und weiter wie beim Anstieg zum Piz Daint zu einigen Almhütten (P. 2194). Nun in Richtung W und in einem weiten Linksbogen zum breiten Rücken des Munt Buffalora. Über diesen Rücken zum höchsten Punkt. Je nach dem skiläuferischen Können und den Schneeverhältnissen läßt sich die Abfahrt sanfter, aber auch steiler gestalten.

K: Hm 700, Ekm 3,5, Z 2. Skt 0. Klt 0. Lg 0. Abf N.

Piz Vallatscha, 3021 m

Pulver oder Firn – ganz nach Wunsch. Februar bis Mai.

A: Parkplatz bei den Minschun-Schleppliften (2100 m); Abzweigung etwa 2 km nach der Passhöhe links (Hinweisschild).

←

Kurz vor dem Gipfel des **126** *Piz Vallatscha (3021 m). Durch die nahen Liftanlagen von Minschuns wird dieser Berg ziemlich häufig bestiegen. Ein guter Tip, wenn man allein sein möchte: Entsprechend zeitig vom Ofenpass aufbrechen und über* **127** *Munt da la Bescha (2698 m) ansteigen.*

121

K: Hm 800, Ekm 5, Z 2,5. Skt 1a. Klt 0. Lg 1. Abf N, SO.
LK: 1239 (Santa Maria) und 1219 (S-charl) bzw. 259 (Ofenpass).

Von der Bergstation des Schlepplifts (2500 m) Abfahrt nach Plan Mattun (2303 m). Sehr flach in einem Linksbogen zu P. 2378 (Vallatscha d'Astras). Steil in Richtung NW zum Beginn der großen Gipfelmulde. Über den steilen N-Hang, zuletzt zu Fuß, auf den Piz Vallatscha. Bei der Abfahrt muß man nach dem langen Flachstück einen kurzen Gegenanstieg (15 Minuten) zur Fuorcla Funtana da S-charl in Kauf nehmen.

Wegmäßig kürzer ist der Anstieg von S. Abfahrt von der Bergstation zur Fuorcla Funtana da S-charl (2393 m). Aufstieg über die weite S-Flanke. Ab etwa 2700 m wird es steil. Man hält sich am besten etwas links, also im westlichen Teil der S-Flanke. In einer Höhe von 2850 m öffnet sich eine zunächst überraschend flache Gipfelmulde. Nun wieder steil möglichst hoch bis zu den Felsen des S-Grates. Skidepot. Unschwierig auf den Gipfel. Ist ein sonniger Tag zu erwarten, verzichtet man besser auf die Aufstiegshilfe. Man braucht dann zwar eine halbe Stunde länger als über den N-Anstieg, kann aber entsprechend früh aufbrechen.

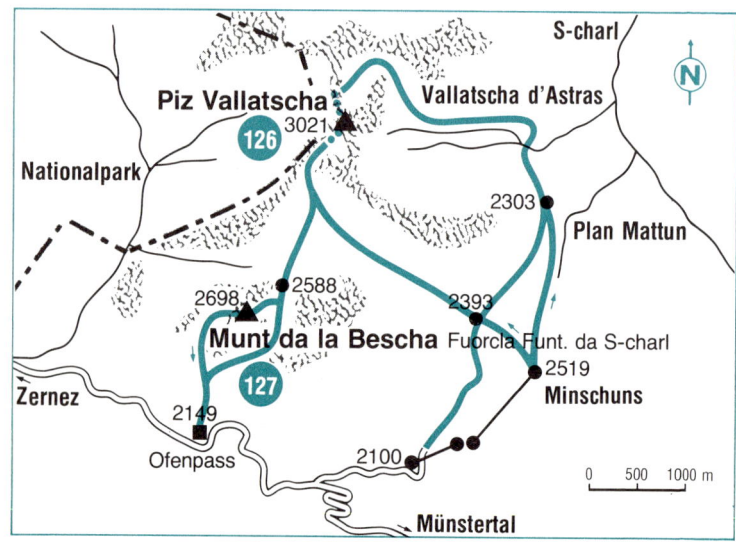

Munt da la Bescha, 2698 m

Mit 1,5 Anstiegsstunden eine kurze, aber bei guten Schneeverhältnissen skiläuferisch sehr reizvolle Unternehmung. Von der Paßhöhe zuerst flach, dann aber in ansehnlicher Steilheit zu einer Hochfläche östlich von P. 2479 und über den kurzen, steilen O-Hang auf den Gipfel. Bei gutem Firn ist es möglich, nach einer kleinen Schleife unmittelbar in die S-Flanke einzufahren, die noch ein gutes Stück steiler als der beschriebene Aufstieg ist.

Wenn man den Piz Vallatscha von S besteigen und auf den Lift verzichten möchte, empfiehlt es sich, wie hier beschrieben aufzusteigen, bei P. 2588 abzufellen und in die Valbella abzufahren. Weiter über den S-Anstieg auf den Piz Vallatscha.

K: Hm 550, Ekm 2, Z 1,5. Skt 1a. Klt 0. Lg 1. Abf S.

*

TOURENBEREICH SUSCH, 1432 m und FLÜELAPASS, 2383 m

Von **Susch** lassen sich in kurzer Zeit sehr günstige Ausgangspunkte für Skitouren erreichen. Vor allem ist dabei an die Pass-Straße zum Flüela zu denken, der nur 14 km entfernt ist. Der Pass ist eine wichtige Verbindung nach Davos und wird deshalb trotz seiner bedeutenden Höhe ganzjährig offengehalten. Kurzzeitige Sperren wegen Lawinengefahr sind natürlich nicht auszuschließen.

Die Touren vom **Flüelapass** sind wegen des hohen Ausgangspunktes kurz, zumeist aber steil und damit skiläuferisch reizvoll. Das gilt für nordseitige Touren wie **Schwarzhorn** (3147 m), **Radüner Rothorn** (3022 m) ebenso wie für die rassigen S-Touren **Piz Champatsch** (2946 m) und **Flüela Wisshorn** (3085 m). Eine Sonderstellung nimmt der mächtige Felsklotz **Piz Radönt** (3065 m) ein, der nur nach einer ziemlich schwierigen Kletterei erreicht werden kann.

Ganz und gar nicht kurz sind dagegen die Unternehmungen, die von P. 1944 der Pass-Straße (8,5 km von Susch) durch das Grialetsch-Tal auf Gipfel wie den **Piz Grialetsch** (3131 m), den **Piz Vadret** (3229 m), den **Piz Sarsura** (3178 m) und den **Piz Sarsura Pitschen** (3133 m) führen. Der Anstieg auf diese Gipfel läßt sich allerdings durch einen Aufenthalt auf der **Grialetsch-Hütte** (2542 m) des SAC erheblich verkürzen. Diese Hütte kann man auch, zeitmäßig kaum kürzer, skiläuferisch aber wesentlich reizvoller, vom Flüelapass über die **Radönt-Scharte** (2788 m) erreichen. Vom Piz Sarsura und vom Piz Sarsura Pitschen ergeben sich Abfahrtsmöglichkeiten durch das Sarsura-Tal oder das Pülschezza-Tal bis zum Inn hinunter; mit Beginn am Flüelapass zweifellos großzügige und großartige Tagestouren.

Lang und einsam sind auch die Anstiege auf den **Piz Zadrell** (3104 m) und den **Piz Sagliains** (3101 m), für die die Einmündung der Val Sagliains den Ausgangspunkt bildet, 3 km nach Susch. Diese beiden Gipfel gehören ebenso wie Flüela Wisshorn und Piz Champatsch bereits zur Silvretta-gruppe, die übrigen zu den Albula Alpen.

Wegen der leichten Erreichbarkeit werden die Touren rund um den Flüelapass fleißig besucht. Auch die Grialetsch-Hütte ist ein beliebter Stützpunkt. Bei den großen Abfahrten ins Inn-Tal wird man sich jedoch kaum über verspurte Hänge ärgern müssen.

Auskünfte und Zimmernachweis: Verkehrsbüro CH-7549 Susch.
Die **Grialetsch-Hütte** (Anschrift: Sektion St. Gallen, CH-9000 St. Gallen) ist in der Skitourenzeit bewartet. Größeren Gruppen wird eine Anmeldung dringend empfohlen. Die Hütte ist unter Tel. 083-53436 erreichbar.

128 Piz Grialetsch, 3131 m

Anstrengend, aber unschwierig auf einen beliebten Gipfel. März bis Mai.

A: P. 1944 an der Pass-Straße, 8,5 km von Susch bzw. Grialetsch-Hütte des SAC (2542 m) bzw. Passhöhe (2383 m).
K: Hm 1300, Ekm 10, Z 5. Skt 0. Klt 0. Lg 1 (Steilflanken beim Anstieg durch das Tal). Abf N.
LK: 1217 (Scalettapass) und 1218 (Zernez) bzw. 258 (Bergün) und 259 (Ofenpass).

Von P. 1944 kurze Abfahrt in den Talboden zu einer kleinen Brücke (P. 1905). Über diese Brücke und mit geringem Höhengewinn bis zur Abzweigung in das Grialetsch-Tal. Bei sicheren Schneeverhältnissen kürzer: Einqueren von Chant Sura (2176 m). Zur Alp Grialetsch (2149 m) und weiter bis zum Talschluß. Wenn wir den Gipfel als Tagestour besteigen, wird die Grialetsch-Hütte nicht berührt. Wir steigen vielmehr über mittelsteile Hänge zum Grialetsch-Gletscher und zur Fuorcla Vallorgia (2969 m) auf. Südlich unter dem Piz Grialetsch entlang zu P. 3043 am Westgrat. Skidepot. Über den Grat unschwierig zum Gipfel.

Wer lange und flache Täler im Aufstieg nicht mag, kann nach einer kleinen Straßenbrücke bei P. 2263 m parken: 2 km vor der Passhöhe, 12 km von Susch. In 1,5 Stunden zur Fuorcla Radönt (2788 m) aufsteigen und zur Grialetsch-Hütte (2542 m) abfahren (Skt 1a). Von der Hütte erst bis zu P. 2668 ansteigen, eine weite Mulde queren, weiter bis zum Grialetsch-Gletscher und auf dem beschriebenen Weg zum Gipfel.

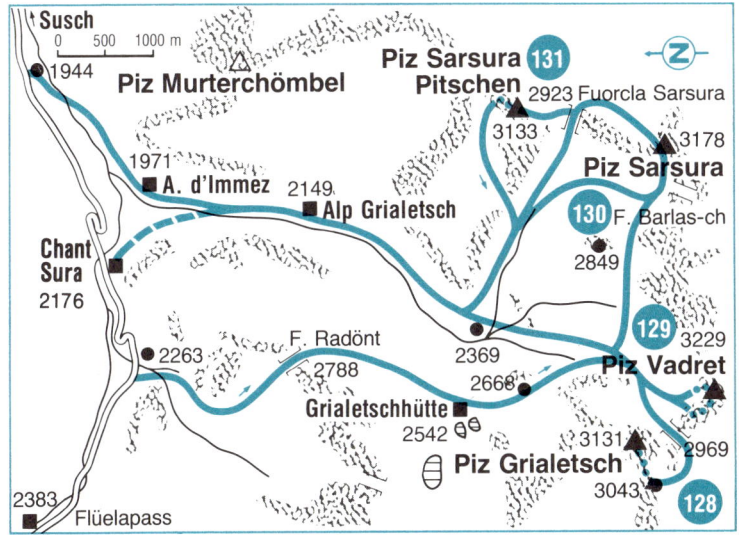

Die Abfahrt wird man natürlich durch das Grialetsch-Tal nehmen. Mit einem bei P. 1944 bereitgestellten Pkw oder mit dem Postbus zurück zum Ausgangspunkt.

Piz Vadret, 3229 m

Dieser Gipfel ist alpinistisch eine ungleich größere Herausforderung. Wie vorher beschrieben zum Gletscher und bis zu dem flachen Boden knapp vor der Fuorcla Vallorgia. Hier nach links abzweigen und nach einem auffallenden Felssporn zum NW-Grat ansteigen. Skidepot. Über den Grat in etwa 1,5 Stunden schwierig zum Gipfel (Klt 2; eine Stelle III+). Bei günstigen Verhältnissen ist es besser, durch das „Nord-Couloir" unmittelbar zum Gipfel anzusteigen, das letzte Stück zumeist mit Steigeisen (50⁰).

K: Hm 1400, Ekm 8,5, Z 6. Skt 1a. Klt 2e. Lg 1. Abf N.

Piz Sarsura, 3178 m

Hier geht es gemütlicher zu. Am Talschluß des Grialetsch-Tales (P. 2369) zweigt man bereits nach links ab und steuert den östlichen Teil des

Gletschers an. Knapp unter der Fuorcla Barlas-ch nach links in einer steilen W-Flanke zum Gipfel. Einfacher ist der Anstieg über die Fuorcla Sarsura (2923 m) und den gleichmäßig geneigten Sarsura-Gletscher.

K: Hm 1350, Ekm 9, Z 5,5. Skt 0. Klt 0. Lg 1. Abf N.

131 Piz Sarsura Pitschen, 3133 m

Der kleine Bruder des Sarsura (Pitschen = klein) ist als Skigipfel rassiger. Man ersteigt ihn von der Fuorcla Sarsura (2923 m) unmittelbar über den S-Rücken, kann aber auch in die O-Flanke ausweichen. — Bei der Abfahrt können gute Skiläufer eine steile Variante wählen. Man steigt dazu auf dem Grat ein kurzes Stück Richtung NO ab und fährt durch eine zunächst recht steile Rinne in das „Gletschtäli" ein. Bei etwa 2750 m erreicht man wieder die Hauptabfahrt über den Grialetsch-Gletscher.

K: Hm 1300, Ekm 8, Z 5. Skt 1a. Klt 0. Lg 1. Abf SW, N.

Hinweise für den Aufstieg: Natürlich kann man auch Piz Vadret, Piz Sarsura und Piz Sarsura Pitschen entsprechend verkürzt von der **Grialetsch-Hütte** aus angehen. Man quert dazu das weite und hier flache Gletscherbecken des Grialetsch-Gletschers, bis man kurz nach der Isla Persa (2849 m) in die beschriebenen Routen einzweigen kann. — Ebenso ist es möglich, diese Gipfel vom Parkplatz vor dem Passhöhe aus über die Fuorcla Radönt zu erreichen. Zeitlich ergeben sich dadurch kaum Vorteile. Man vermeidet aber das lange Grialetsch-Tal im Aufstieg und handelt dafür zusätzliche 400 Hm Abfahrt ein.

Hinweise zur Abfahrt: Großzügige Durchquerungen entstehen, wenn man nicht auf dem Anstiegswege, sondern in das Inn-Tal abfährt. Vom Skidepot am W-Grat des Piz Grialetsch kann man durch das Vallorgia-Tal und das Susauna-Tal wie bei Route 116 abfahren, vom Piz Sarsura und vom Piz Sarsura Pitschen durch die Val Sarsura 118 oder (bei günstigen Verhältnissen) durch das steile Pülschezza-Tal 120 . Wenn wir die Tour am Flüelapass beginnen, kommen wir auf nicht weniger als 2100 Abfahrtsmeter!

132 Schwarzhorn, 3146 m

Scheinbar unzugänglicher Felskamm. Februar bis Juni.

A: Parkplatz nach der Straßenbrücke über den Radönt-Bach (2263 m), 2 km vor der Passhöhe, 12 km von Susch.

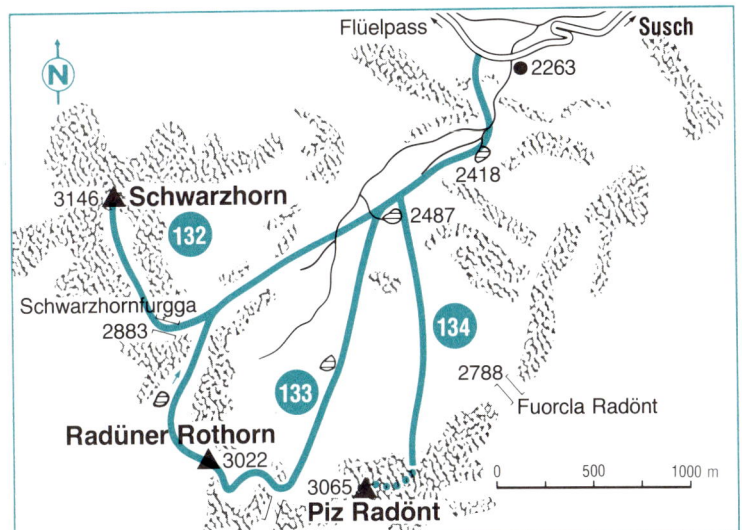

K: Hm 900, Ekm 3, Z 2,5. Skt 1a. Klt 0. Lg 1. Abf SO, NO.
LK: 1217 (Scalettapass) bzw. 258 (Bergün).

Vom Parkplatz in einem weiten Linksbogen zu P. 2418 und flach weiter zu P. 2487. Steil zur Schwarzhornfurgga (2383 m). Hier setzt der SO-Rücken des Schwarzhorns an, den wir bis zum Gipfel verfolgen — anfangs sehr steil, dann mäßig geneigt. Der Gipfel bietet eine großartige Aussicht und wird deshalb (und natürlich auch wegen der kurzen Anstiegszeit) entsprechend häufig besucht.

Radüner Rothorn, 3022 m

Wir verlassen den beschriebenen Anstieg bei P. 2487 nach links und steigen Richtung S bis unterhalb der Radüner Rothornfurgga auf. Hier öffnet sich nach rechts der Eingang zu einer eigenartigen Mulde. Über den steilen O-Hang oder — nach links ausholend — über den S-Rücken zum Gipfel. — Statt auf dem Anstiegswege kann man auch in eine schöne Mulde Richtung NW abfahren. Man trifft unterhalb der Schwarzhornfurgga auf den Anstieg zum Schwarzhorn, dessen Besteigung man auf diese Weise mit dem Radüner Rothorn verbinden kann.

⑬ Piz Radönt, 3065 m

Kein eigentlicher Skigipfel. Kletterei im II. Schwierigkeitsgrad. Beim Seelein (P. 2487) hält man sich noch stärker links (Richtung S) und erreicht in einer Höhe von 2880 m die Felsen des NO-Grates. Skidepot. Über den Grat schwierig auf den Gipfel (Klt 2).

⑬ Flüela Wisshorn, 3085 m

Südlichster Dreitausender der Silvretta-Gruppe. Februar bis Mai.

A: P. 2176 (Chant Sura), 3 km vor der Passhöhe, 11 km von Süsch.
K: Hm 900, Ekm 3, Z 2,5. Skt 1a. Klt 0. Lg 1. Abf SO.
LK: 1217 (Scalettapass) und 1197 (Davos) bzw. 258 (Bergün) und 248 (Prättigau).

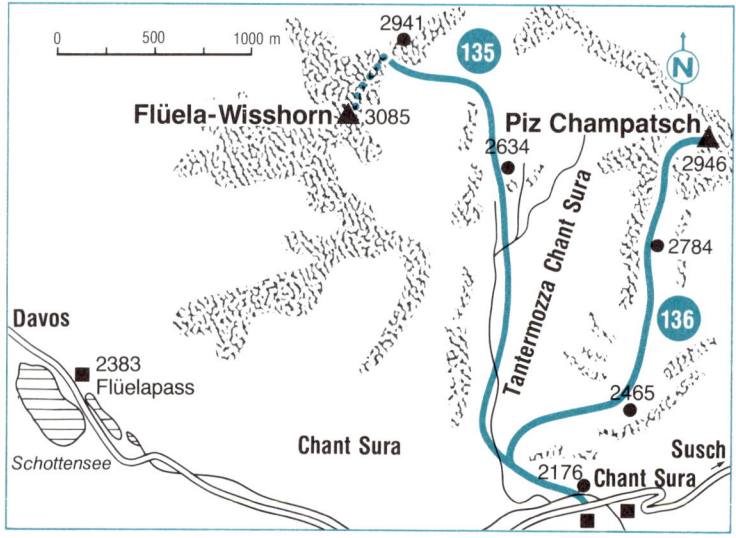

Vom Parkplatz zu einem deutlich ausgeprägten Taleinschnitt und in eine weite Mulde (Tantermozza Chant Sura). Das Tal hinauf, bis man unterhalb von P. 2941 den NO-Rücken des Wisshorns erreicht. Über diesen Rücken, den letzten Teil ohne Ski, auf den Gipfel. — Bei sehr sicherem Firn können ausgezeichnete Skiläufer versuchen, vom Gipfel unmittelbar bzw. nach einem kurzen Abstieg nach SO in den Talboden abzufahren (steil, felsdurchsetzt; Skt 2ab).

Piz Champatsch, 2946 m

Eine halbe Stunde kürzer ist der Anstieg auf diesen Gipfel, der insbesondere bei gutem Firn lohnt. In einem weiten Rechtsbogen zu P. 2465 und geradewegs über den S-Rücken über P. 2784 auf den Gipfel.

Piz Zadrell, 3104 m

Im Schatten des mächtigen Piz Linard. Februar bis April.

A: Einmündung des Sagliains-Tales (1420 m), 2 km nach Susch.

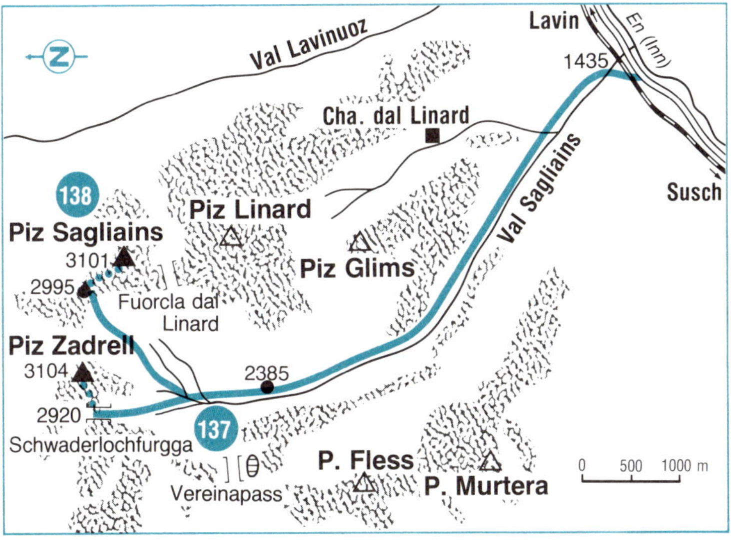

![Karte der Region um Piz Zadrell, Piz Linard und Piz Sagliains mit Val Lavinuoz, Val Sagliains, Cha. dal Linard, Lavin 1435, Susch, Fuorcla dal Linard, Piz Glims, Schwaderlochfurgga 2920, Vereinapass, P. Fless, P. Murtera. Maßstab 0 500 1000 m]

K: Hm 1700, Ekm 7,5, Z 5. Skt 1a. Klt 0. Lg 1 (Steilflanken beim Anstieg durch das Tal). Abf S.
LK: 249 (Tarasp) bzw. 1198 (Silvretta).

Etwa 200 m vor der Einmündung des Sagliains-Baches zweigt ein Weg von der Hauptstraße ab, der in das Tal hineinführt. Er ist im allgemeinen auch bei Schneelage erkennbar. Im Tal bis zu P. 2385 und weiter bis zum Talschluß. Nun zuerst recht steil, dann flacher zu einer Einsattelung (P. 2920) zwischen den Plattenhörnern und dem Piz Zadrell. Skidepot. Über den W-Grat unschwierig zum Gipfel.

138 Piz Sagliains, 3101 m

Wie vorhin beschrieben durch das Sagliains-Tal. Im Gegensatz zum Sommerweg hält man sich mehr an die im Anstiegssinn rechte (östliche) Talseite. Von hier Richtung NO zum NW-Grat, den man etwas rechts von P. 2965 erreicht. Skidepot. Über den Grat unschwierig zum Gipfel.

*

TOURENBEREICH GUARDA, 1653 m

Guarda ist berühmt wegen des vorzüglich erhaltenen Dorfbildes mit den typischen Engadiner Häusern. Auch die Lage des Ortes, an einem Sonnenhang hoch über dem Inn, ist bezaubernd.

Auch für den Tourenfreund ist Guarda bedeutsam. Durch das Tuoi-Tal erreicht man die gleichnamige Hütte, einen wichtigen Stützpunkt für Unternehmungen in der Silvretta. Unmittelbar vom Ort aus gibt es eine Reihe empfehlenswerter Anstiege, die weniger auf berühmte Gipfel führen, als skiläuferisch reizvoll sind: **Piz Campatsch** (2958 m), **Fil da Tuoi** (2867 m) und **Piz Cotschen** (3031 m).

Der Ausgangspunkt für den großartigen **Piz Nuna** (3123 m) liegt näher bei **Ardez.** Auch in diesem Dorf finden sich zahlreiche wunderschöne verzierte und bemalte Häuser. Dasselbe gilt für die Sommersiedlung **Sur En,** dem unmittelbaren Ausgangspunkt für den Piz Nuna.

Der Piz Nuna gehört zur Sesvenna-Gruppe und wird, nicht zuletzt wegen der Länge des Anstieges, selten besucht. Von den anderen Gipfeln, die natürlich durchwegs zur Silvretta-Gruppe gehören, wird man am ehesten beim Anstieg zum Piz Cotschen auf andere Tourenfreunde treffen.

Auskunft und Zimmernachweis: Verkehrsbüro CH-7549 Guarda, Tel. 084-92188; Verkehrsbüro CH-7549 Ardez, Tel. 084-92330.

Piz Cotschen, 3031 m

Gemütlicher Anstieg mit steilem Abschluß. Jänner bis April.

A: Bos-cha (1664 m), 2 km von Guarda. Von Ardez 3 km, schmale Bergstraße.
K: Hm 1400, Ekm 4 (bis zum S-Gipfel), Z 4. Skt 1a (Gipfelhang). Klt 1 (Hauptgipfel). Lg 1. Abf S.
LK: 1198 (Silvretta) bzw. 249 (Tarasp).

Von Bos-cha über hindernislose Böden zur Alp Murtera Dadaint (2149 m). Nun nach links halten nach Maranguns (2303 m) und gleich darauf wieder nach rechts zur Chamanna Cler (2476 m). Private Hütte eines Skiclubs, nicht bewirtschaftet. Der weitere Aufstieg führt über den steilen SO-Rücken des Piz Cotschen. Wer vor allem genußvollen Skilauf schätzt, begnügt sich mit dem S-Gipfel (2973 m). Zum Hauptgipfel führt ein ausgesetzter Blockgrat, der meist verwächtet ist.

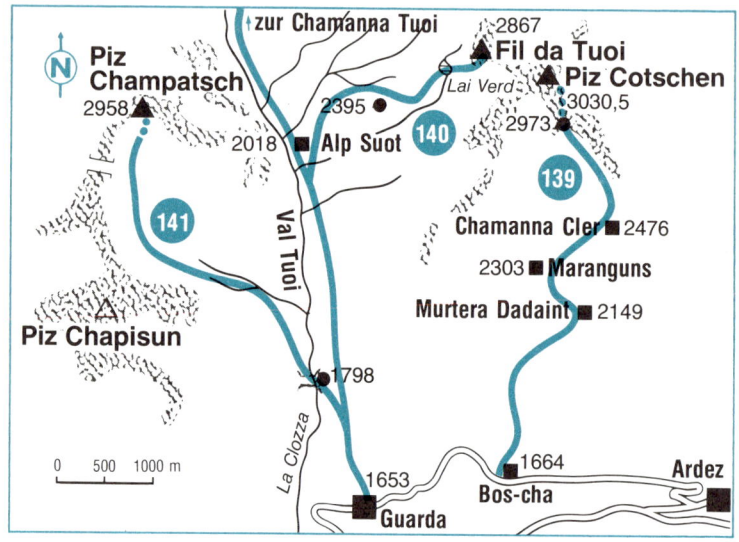

Wenn im Frühjahr der Schnee nicht mehr bis Bos-cha hinunterreicht, kann man auf einer schmalen Bergstraße, die am östlichen Ortsausgang von Ardez abzweigt, zur Häusergruppe Mundaditsch (1858 m) fahren. Über mittelsteile Hänge erreicht man von hier aus Murtera Dadaint und damit die beschriebene Route.

140 Fil da Tuoi, 2867 m

Von Guarda (1653 m) im Tuoi-Tal bis zur Alp Suot (2018 m). Der Aua da Stavès folgend, dann leicht nach rechts haltend zu dem breiten Rücken, der von Motta Schlieza (2396 m) hinaufzieht. Zum „Grünsee" (Lai Verd) und weiter zum Gipfel.

K: Hm 1200, Ekm 6, Z 3,5. Skt 1a. Klt 0. Lg 1. Abf SW.

141 Piz Champatsch, 2958 m

Gleichfalls von Guarda (1653 m) in das Tuoi-Tal, jedoch schon nach einer halben Stunde nach links zum Bachbett und über eine Brücke bei

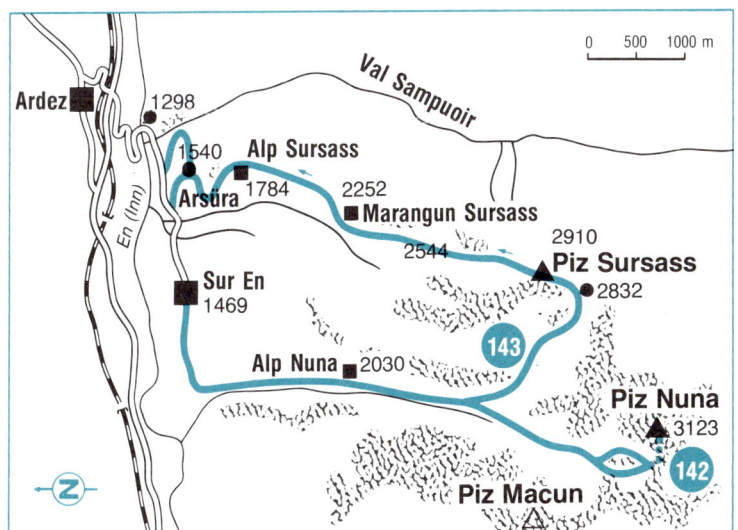

P. 1798. In Richtung NW zum Champatsch-Bach und hinauf in die weiten Mulden von Muntera dals Buovs. Von hier geradewegs über den im letzten Teil sehr steilen Hang auf den Gipfel.

K: Hm 1300, Ekm 4,5, Z 4. Skt 1a. Klt 0. Lg 1. Abf S, SO.

Piz Nuna, 3123 m

Eindrucksvoller Gipfel über dem Inn. März bis Mai.

A: Sur En (1469 m), 3 km von Ardez.
K: Hm 1650, Ekm 6, Z 5. Skt 1ab. Klt 2. Lg 1. Abf N.
LK: 1198 (Silvretta) und 1218 (Zernez) bzw. 249 (Tarasp) und 259 (Ofenpass).

In der Nähe des Bahnhofs von Ardez zweigt die Straße nach Sur En ab. Obwohl Sur En eine Sommersiedlung ist, wird die Straße geräumt (Anlagen der E-Wirtschaft in der Val Sampuoir, Wochenendhäuser). Von Sur En auf einem Waldweg in das Nuna-Tal, das man bei 1580 m erreicht.

Weiter zum Talschluß und über den fast spaltenlosen Nuna-Gletscher zu einer Einsattelung östlich von P. 2949. Skidepot. Über den W-Grat in einer halben Stunde auf den Gipfel.

143 Piz Sursass, 2910 m

Um den Piz Sursass zu ersteigen, hält man sich ab 2300 m links (Richtung SO) und erreicht, zuletzt in ansehnlicher Steilheit, den S-Rücken bei P. 2832. Über diesen Rücken mit Ski oder, wenn abgeblasen, zu Fuß auf den Gipfel. Gute Skiläufer können unmittelbar über einen steilen Rücken in die Mulde Marangun Sursass weiter zur Alp Sursass (1784 m) abfahren. Einem felsdurchsetzten Steilstück nach links ausweichend zu P. 1643 und wiederum nach rechts zur großen Lichtung Arsüra. Nun entweder nach links auf einem Weg zu P. 1426 oder nach rechts auf einem Fahrweg der E-Wirtschaft zur Straße, die man etwa 1 km vor Sur En erreicht.

K: Hm 1450, Ekm 6, Z 4,5. Skt 1ab. Klt 0. Lg 1. Abf N.

*

TOURENBEREICH TUOI-HÜTTE, 2250 m

Die Chamanna Tuoi gehört der Sektion Engiadina bassa (Unterengadin), CH-7550 Scuol. Sie wird in der hauptsächlichen Tourenzeit bewartet. Auskunft über die Bewirtschaftung erteilt außer der Sektion Unterengadin auch das Verkehrsbüro CH-7549 Guarda (Tel. 084-92188).

Die Hütte wird von Guarda (1653 m) durch das Tuoi-Tal in 2,5 Stunden erreicht. Nach Guarda führt eine kurvenreiche, aber gut ausgebaute Bergstraße, die bei Giarsun, 4 km vor Ardez, abzweigt.

Die Tuoi-Hütte erschließt ein wunderschönes Tourengebiet. Die Abfahrten liegen zumeist sonnseitig, lassen also einen frühen Aufbruch ratsam erscheinen. Ein guter Teil der Gipfel wird von N her, also von der österreichischen Seite, bestiegen. Dorthin gelangt man über eine Reihe hochgelegener Pässe.

Diese Pässe ermöglichen reizvolle Rundtouren. Man kann etwa über die Fuorcla Cunfin aufsteigen, den **Piz Buin** (3312 m) erklettern und von der **Fuorcla Buin** (sehr steil, nur für gute Skiläufer) abfahren. Von diesem Anstieg lassen sich auch **Piz Fliana** (3281 m) und **Signalhorn** (3207 m) erreichen. Zum „Mitnehmen" eignet sich allerdings nur das Signalhorn — der Piz Fliana ist eine eigene, recht alpine Unternehmung.

Eine andere Runde führt über den Vermuntpass zur **Dreiländerspitze** (3197 m) und über das Jamjoch wieder zurück. Auch von dieser Runde aus lassen sich mehrere Gipfel zusätzlich besteigen: **Piz Jeremias** (3136 m) und **Piz Mon** (2983 m) sind wegen ihrer steilen SW-Hänge vor allem skiläuferisch interessant. **Vordere Jamspitze** (3176 m) und **Hintere Jamspitze** (3156 m) eignen sich dagegen mehr zur Bereicherung der Gipfelstatistik.

Eine großzügige Landschaftsdurchquerung ergibt sich, wenn man vom **Augstenberg** (3230 m) durch Urezzas- und Tasna-Tal nach Ardez abfährt. Beim Anstieg kann man auf diesem Weg den **Piz Urezzas** (3065 m) und den **Piz Urschai** (3097 m) besteigen.

Die erwähnte großzügige Abfahrt durch Urezzas- und Tasna-Tal läßt sich auch nach dem kurzen Anstieg auf den **Piz Furcletta** (2894 m) durchführen.

Die Abfahrten nach Ardez eignen sich vor allem für den letzten Tourentag eines Hüttenaufenthaltes, weil man sicherlich nicht Lust haben wird, neuerlich durch das lange Tuoi-Tal aufzusteigen. Für diesen letzten Tourentag empfiehlt sich auch der **Piz Clavigliadas** (2984 m) als Ziel. Von ihm kann man unmittelbar zur Alp Suot abfahren, die auf dem halben Weg von Guarda zur Hütte liegt.

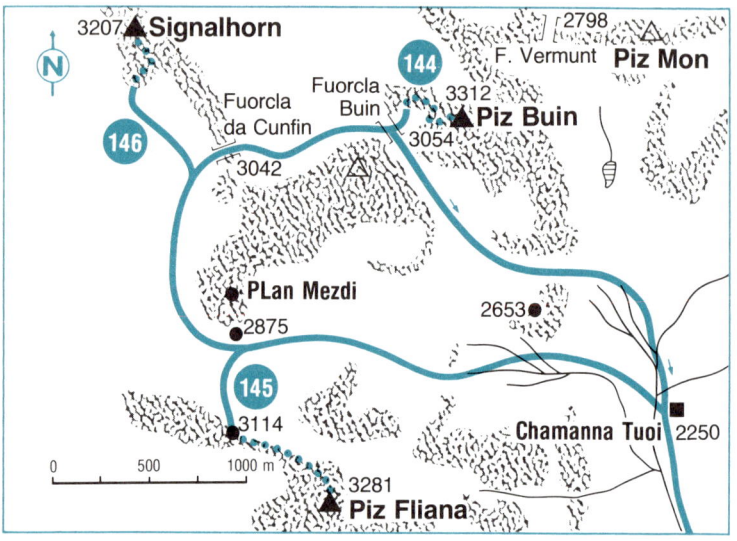

144 Piz Buin, 3312 m

Nicht der höchste, aber der bekannteste Gipfel der Silvretta. Februar bis April.

A: Tuoi-Hütte des SAC (2250 m).
K: Hm 1100, Ekm 5, Z 3,5. Skt 1a oder 2ab (Abfahrt von der Fuorcla Buin). Klt 1. Lg 1. Geringe Spaltengefahr. Abf S, O.
LK: 1198 (Silvretta) bzw. 249 (Tarasp).

Kurze Abfahrt zum Talboden und Anstieg (steil) zum Gletscherbecken Plan Rai. In einem weiten Rechtsbogen zur Fuorcla dal Cunfin (3042 m). Auf der österreichischen Seite über das flache Becken des Ochsentaler Gletschers zur Westflanke des Piz Buin. Möglichst hoch mit Ski aufsteigen.

→

Nicht der höchste, aber der bekannteste Gipfel der Silvretta: 144 *Piz Buin (3312 m). Das Bild wurde an einem strahlenden Morgen auf dem Wege zur Tuoi-Hütte aufgenommen. Auch der Piz Buin erfordert ein wenig Kletterei in einer steilen Rinne, die hochtrabend als „Kamin" bezeichnet wird, und bei Vereisung eher gefährlich als schwierig ist (I. Schwierigkeitsgrad).*

Skidepot. Zum NW-Grat. Über diesen Grat, dann nach links in eine Rinne queren. Diese Rinne ist die einzige Kletterstelle, der „Kamin". Schwierigkeitsgrat I, bei Vereisung heikel. Nach der Rinne überraschend leicht zum Gipfel. Der Piz Buin ist zwar nicht der höchste Gipfel der Silvretta (Piz Linard, 3411 m), sicherlich aber der bekannteste. Zu den günstigen Tourenzeiten ist er entsprechend gut besucht, vor allem von der österreichischen Seite her (Wiesbadener Hütte). Die Abfahrt auf dem Anstiegswege ist nicht sehr schwierig. Für gute Skifahrer reizvoll ist die Abfahrt über die Fuorcla Buin, die im oberen Teil eine Steilheit von 40 Grad aufweist.

Piz Fliana, 3281 m

Wie beim Anstieg zum Buin auf das Gletscherbecken Plan Rai bis zu P. 2875. Unterhalb des NW-Grates so hoch wie möglich mit Ski ansteigen. Skidepot. Den sehr steilen Gletscher unterhalb des Grates querend (Klt 1e) oder über den Grat selbst (Klt 1) zum Gipfel. Mitunter Wächtenbildung nach SW. Abf N, O. Hm 1000, Ekm 3,5, Z 3.

Signalhorn, 3207 m

Vom Anstieg zum Buin unterhalb der Fuorcla Cunfin nach links abzweigen und über einen steilen, nach SW gerichteten Rücken, zum Vorgipfel (3174 m). Skidepot. Unschwierig auf den Hauptgipfel. Zusätzlicher Zeitaufwand etwa 1 Stunde.

Dreiländerspitze, 3197 m ⒂

Grenzberg zwischen Tirol, Vorarlberg und Graubünden. Februar bis April.

A: Tuoi-Hütte des SAC (2250 m).
K: Hm 1000, Ekm 4, Z 3. Skt 1a. Klt 1. Lg 1. Kaum Spaltengefahr. Abf NW, SW (bei der Rundfahrt).
LK: 1198 (Silvretta) bzw. 249 (Tarasp).

Von der Hütte zum Talschluß und weiter zur Fuorcla Vermunt (2798 m). Auf dem flachen Vermunt-Gletscher Richtung NO, bis man sich in einem

←

Die meisten Gipfel im Tourenbereich der Tuoi-Hütte führen im letzten Teil des Anstiegs über österreichisches Gebiet. Das gilt auch für die ⒂ **Hintere Jamspitze** *(3156 m), die wir hier von der* ⒂ **Vorderen Jamspitze** *(3178 m) aus sehen.*

Rechtsbogen der steilen NW-Flanke der Dreiländerspitze nähert. Über diese Flanke zu einem Vorgipfel. Skidepot. Über einen Blockgrat (I. Schwierigkeitsgrad, bei Vereisung heikel) auf den Gipfel. — Nach dem Steilhang zur Oberen Ochsenscharte (auch in der LK 1198 nicht kotiert) bei etwa 2950 m. Auf dem Jamtalferner zuerst sehr flach, dann steiler aufwärts und, zuletzt ohne Ski, über unschwierige Felsen zum weiten Gletscherbecken beim Jamjoch (3078 m). Über den Tuoi-Gletscher (einige Spalten) zur Hütte zurück.

148 Piz Jeremias, 3087 m

Beim Anstieg zur Fuorcla Vermunt in einer Höhe von 2620 m nach rechts abzweigen und, insbesondere im letzten Teil sehr steil bis knapp unter den Gipfel ansteigen. Skidepot. Über unschwierige Felsen zum höchsten Punkt. Hm 800, Ekm 2,5, Z 2,5. Skt. 1a. Klt 0. Lg 1. Abf W. — Zusätzlicher Zeitaufwand während der Rundtour 1,5 Stunden.

149 Piz Mon, 2983 m

Knapp unterhalb der Fuorcla Vermunt überaus steil (Skt 2a) bis unter den Gipfel. Skidepot. Zu Fuß auf den Piz Mon. Als selbständige Tour ist der unbedeutende Gipfel nicht lohnend. Bei gutem Pulverschnee für Steilhangfreunde interessant. Zusätzlicher Zeitaufwand bei der Rundtour 1 Stunde.

150 Vordere Jamspitze, 3178 m

Auch als selbständige Unternehmung mit Anstieg über den Tuoi-Gletscher sehr lohnend. Über Plan Furcletta und P. 2580 zum Tuoi-Gletscher (einige Spalten) und über diesen zuerst flach, dann steiler, zum Jamjoch (3078 m). Hierher auch im Rahmen der beschriebenen Rundtour. Mit Ski bis zu den Felsen etwas östlich des Gipfels. Skidepot. Durch eine steile Rinne auf den W-Grat und über diesen in wenigen Minuten auf den Gipfel.

K: Hm 900, Ekm 3, Z 3. Skt 0. Klt 1. Lg 0. Abf S.

151 Hintere Jamspitze, 3156 m

Wie beschrieben zum Jamjoch. Von hier mit Ski in einer Viertelstunde auf den Gipfel.

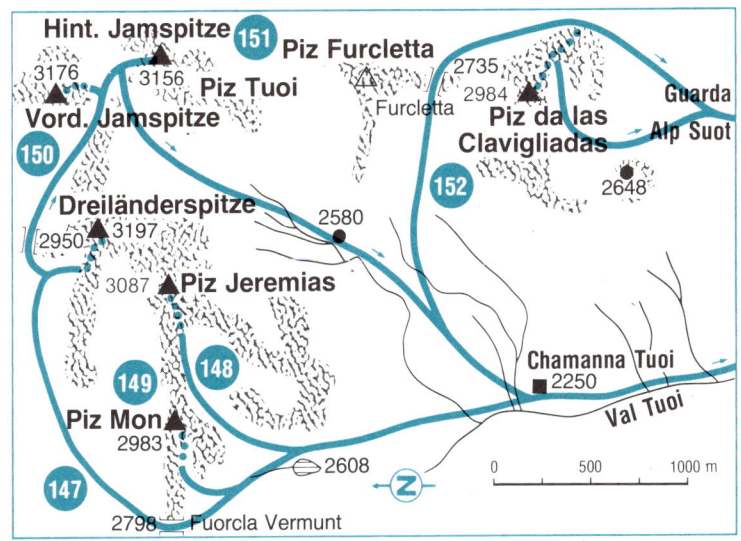

Piz da las Clavigliadas, 2984 m

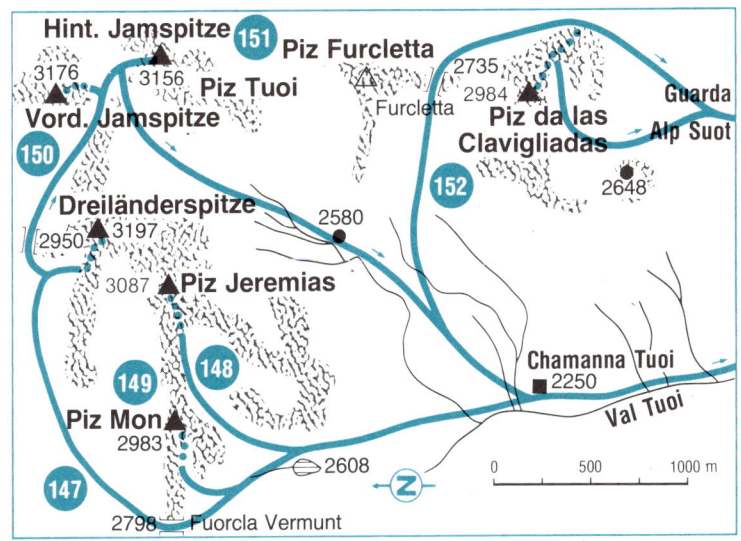

Wie beim Anstieg zum Jamjoch zur Hochfläche Plan Furcletta, dann nach rechts halten (Richtung O) und zur Furcletta (2735 m) aufsteigen. Von der Scharte in die NO-Flanke queren zu einer Gratschulter östlich P. 2930. Skidepot. Unschwierig über den SO-Grat auf den Gipfel. Vom Skidepot oder auch von einer geeigneten Stelle in der Nähe des Gipfels kann man sehr schön nach S zur Alp Suot (2018 m) abfahren. Geeignet für den letzten Tag eines Hüttenaufenthaltes, da man sich dadurch einen guten Teil des flachen Tales nach Guarda ersparen kann,

K: Hm 700, Ekm 3, Z 2,5. Skt 1a. Klt 0. Lg 1. Abf NW, SW bzw. S (zur Alp Suot).

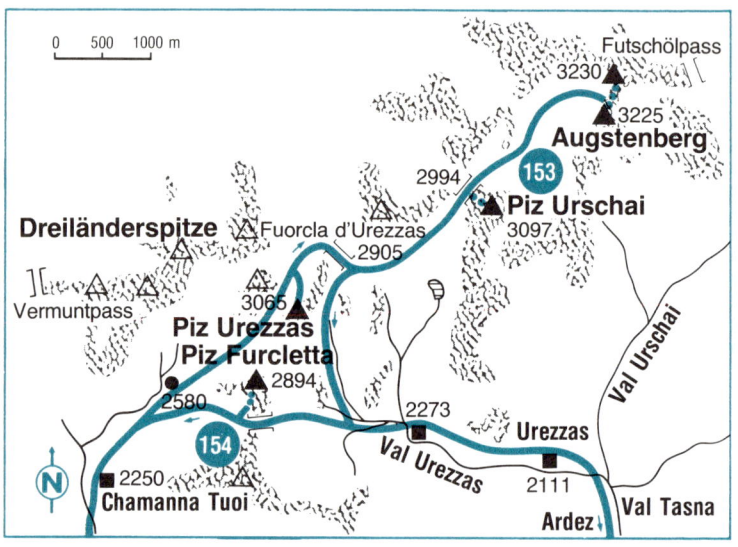

🔵 153 **Augstenberg, 3230 m**

Parade-Skiberg der Silvretta. Februar bis April.

A: Tuoi-Hütte des SAC (2250 m).
K: Hm 1400 (mit Gegenanstiegen), Ekm 7,5. Z 4,5. Skt 1a. Klt 0. Lg 1. Kaum Spaltengefahr. Abf SW, S.
LK: 1198 (Silvretta) bzw. 249 (Tarasp).

Von der Hütte wie beim Anstieg zu dem Jamspitzen zur Hochfläche Plan Furcletta und weiter zu P. 2580. Hier von der Route zum Jamjoch nach rechts abzweigen und zwischen dem markanten Felsklotz des Piz Tuoi (3084 m) und dem Piz Urezzas (3065 m) zu einer Einsattelung und über den Jamtalferner hinunter zur Fuorcla d'Urezzas (2905 m). Gipfelsammler können den **Piz d'Urezzas** (3065 m) mit 10 Minuten Zeitaufwand „mitnehmen". Von der Scharte Abfahrt zum Urezzas-Gletscher und Richtung NO zu einer weiteren Scharte (P. 2994) ansteigen. Möglichkeit zu einem kurzen Abstecher auf den **Piz Urschai** (3097 m). 50 Hm auf dem Chalaus-Gletscher abfahren. Von jetzt ab geht es nur mehr aufwärts: über den mit Recht berühmten Gipfelhang in die schwach ausgeprägte Einsattelung

142

zwischen N-Gipfel (3230 m) und S-Gipfel (3225 m) — Skidepot. Zu Fuß in wenigen Minuten unschwierig auf die beiden Gipfel.

Vom Urezzas-Gletscher können ausgezeichnete Skiläufer bei günstigen Verhältnissen unmittelbar nach Marangun d'Urezzas (2273 m) abfahren. Besser ist es, in einer Höhe von 2800 m bis unterhalb der Urezzas-Scharte zu queren und nach dem Felsköpfl (P. 2891) in das Urezzas-Tal einzufahren. In einer Höhe von 2500 m muß man sich nun entscheiden: Entweder Gegenanstieg zur Furcletta (2735 m) und Abfahrt über den W-Hang zur Hütte, oder im Urezzas-Tal weiter, bis dieses Tal in die Val Tasna einmündet. Im Tasna-Tal wie bei Route ⬤160 beschrieben nach Ardez (1464 m). Mit der Rhätischen Bahn zurück nach Guarda. Vom Bahnhof 50 Minuten bis zum Parkplatz im Ort.

Durch das häufige An- und Abfellen, das zeitmäßig in den 4,5 Stunden nicht enthalten ist, zieht sich dieser Tourentag stärker in die Länge als man ursprünglich glaubt.

Piz Furcletta, 2894 m ⬤154

Der hübsche kleine Gipfel kann bestiegen werden, wenn man nach dem Augstenberg mit Gegenanstieg zur Furcletta, der südlich vorgelagerten Scharte, zur Hütte zurückkehrt. Eine halbe Stunde zusätzlicher Zeitaufwand. Der Anstieg eignet sich aber auch als Mini-Tour nach dem Aufstieg zur Hütte. Hm 650, Ekm 2, Z 2. Skt 1a. Klt 0. Lg 1. Abf W.

Wie bei Route ⬤156 beschrieben zur Scharte (2735 m). Über den S-Grat zum Gipfel. Gute Skiläufer können vom Gipfel (anfangs sehr steil) abfahren.

*

TOURENBEREICH SCUOL, 1243 m

Scuol (Schuls) ist der Hauptort des Unterengadins. Es nennt sich „Badekönigin der Alpen" und verweist auf die klimatischen Vorzüge der geringen Windbewegung und der hohen Sonnenscheinerwartung. Auch in Scuol (vor allem im „Unterdorf") kann man die typischen Unterengadiner Häuser bewundern.

Scuol verdient als Ausgangspunkt für Skitouren drei Sterne! Die Bergbahnen verkürzen die Anstiege auf eine Reihe schöner Skigipfel und ermöglichen schier endlose Abfahrten. Da es keine Einzelkarten für die Schlepplifte gibt, entscheidet man sich am besten für eine Halbtageskarte, die 19 sFr kostet (1984).

Kurze Anstiege führen vom Liftgebiet auf den **Piz Minschun** (3068 m), den **Piz Clünas** (2793 m), den **Piz Soèr** (2917 m) und den **Piz Champatsch** (2920 m), bequeme Tagestouren auf den **Piz Tasna** (3179 m), die **Breite Krone** (3079 m) und den **Piz Faschalba** (3048 m) sowie auf den **Piz Davo Lais** (3027 m). Ohne große Umwege lassen sich dabei schöne Skigipfel wie **Piz Greala** (2928), **Piz Mottana** (2928 m) oder **Piz Chöglias** (2849 m) ersteigen. Trotz der leichten Erreichbarkeit sind diese Gipfel, die durchwegs zur Silvretta-Gruppe gehören, nicht überlaufen. Lediglich der Piz Tasna hat auch an Wochentagen bei schönem Wetter guten Besuch, allerdings von der österreichischen Seite her, von der Heidelberger Hütte.

Im Tourenbereich Scuol gibt es aber nicht nur diese gemütlichen Touren, sondern auch ganz gewaltige Unternehmungen wie den **Piz Lischana** (3105 m), den **Piz Madlain** (3099 m). Etwas leichter zu ersteigen sind der **Piz Cotschen** (3046 m) und der **Piz d'Immez** (3026 m). Aber auch bei diesen Gipfeln bleibt einem der anspruchsvolle Anstieg durch das Lischana-Tal nicht erspart.

Zum Tourenbereich Scuol zähle ich auch die Skitouren, die ihren unmittelbaren Ausgangspunkt im nahen **Funtana-Tarasp** (1402) haben. Durch das Zuort-Tal führt der Weg zum **Piz Zuort** (3119 m) und zum **Piz Pisoc** (3147 m), der von Scuol aus überaus beherrschend wirkt. Einen langen und flachen Zustieg hat leider der **Piz Plavna Dadaint** (3167 m), gleichfalls eine sehr schöne und eindrucksvolle Berggestalt. Aus demselben Tal erfolgt der Anstieg auf den **Piz Foraz** (3093 m). Diese Täler (Lischana, Zuort, Plavna) und ihre Gipfel gehören zur Sesvenna-Gruppe. Die Gegend ist sehr einsam. Lediglich auf dem Piz Lischana wird man an schönen Wochenenden einheimischen Tourengehern begegnen, weil man sich hier den Anstieg durch eine Nächtigung in der hübschen und prachtvoll gelegenen Lischana-Hütte erleichtern kann.

Auskünfte und Zimmernachweis: Verkehrsbüro CH-7550 Scuol, Tel. 084-91381; Verkehrsbüro Tarasp CH-7552 Vulpera, Tel. 084-90944.

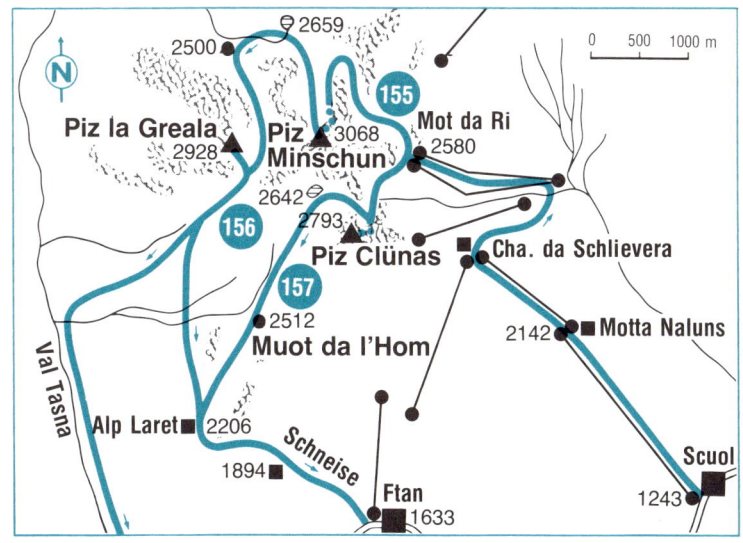

Piz Minschun, 3068 m 155

Mehr als doppelt so viele Höhenmeter in der Abfahrt wie im Aufstieg. Jänner bis April.

A: Scuol, Talstation der Bergbahn (1300 m).
K: Hm 550, Ekm 2, Z 1,5. Skt 1a (bei Abfahrt unmittelbar vom Gipfel 2a). Klt 0. Lg 1. Abf N, S.
LK: 1199 (Scuol) und 1198 (Silvretta) bzw. 249 (Tarasp).

Mit der Gondelbahn nach Motta Naluns (2142 m), mit dem Schleiflift nach Schlivera (2400 m). Abfahrt auf 2100 m. Mit Lifthilfe zum Mot da Ri (2580 m). 300 m Abfahrt in Richtung zum Champatsch-Lift. Anfellen. Durch eine steile Mulde zum N-Grat und über diesen auf den Gipfel, bei günstigen Verhältnissen mit Ski. Ungewöhnlich schöne Aussicht.

Gute Skiläufer können unmittelbar vom Gipfel in ein steiles N-Kar abfahren. Man kann nun über schöne Hänge in die Val Urschai und weiter durch die Val Tasna abfahren. Da man aber von dem kurzen Anstieg auf den Piz Minschun kaum ausgelastet ist, schlage ich einen reizvollen Umweg

145

vor, bei dem man einen zweiten Gipfel ersteigt und die Abfahrt durch das lange Tal entweder vermeidet oder erheblich verkürzt: Route ⒯ .

⒯ Piz La Greala, 2928 m

Bei der Abfahrt vom Piz Minschun biegt man bei einem kleinen See (P. 2659) nach links ein und fährt weiter ab bis etwa 2500 m. Anfellen. Zwischen Felsen hindurch in eine schöne Mulde und unschwierig, zuletzt über den SO-Kamm, auf den Gipfel. Z 1,5. — Bei der Abfahrt hält man sich zunächst auf dem erwähnten SO-Rücken, bis man nach etwa 200 m in die sehr steile SW-Flanke einbiegen kann. Diese Abfahrtsrichtung kann man bis in die Val Tasna beibehalten. Im Tal hinaus bis zu Straßenbrücke bei P. 1571. Die Straße, die man hier erreicht, ist nicht die Hauptstraße, sondern eine schmale Bergstraße, die von Ardez nach Ftan führt. Wer hier ein Auto bereitgestellt hat, erspart sich eine knappe Gehstunde nach Ardez (1464 m; Rückfahrmöglichkeit nach Scuol mit der Rhätischen Bahn). Mit Ski kann man meist nur im Hochwinter, nach einem kurzen Gegenanstieg, nach Ardez abfahren.

Bequemer ist es, sich ab einer Höhe von 2400 m ziemlich genau Richtung S zu halten, sehr flach bis P. 2321, und zur Alp Laret (2206 m) abzufahren. Weiter durch steile Schneisen nach Ftan. Mit dem Autobus zurück nach Scuol.

⒯ Piz Clünas, 2793 m

Von der Bergstation des Skilifts Mot da Ri auf der Piste ein kurzes Stück Richtung S. In einer Höhe von 2500 m nach rechts (Richtung W) abzweigen. Bei guten Verhältnissen in der steilen N-Mulde mit Ski bis auf den Gipfel. Die Abfahrt zurück in das Liftgebiet ist hübsch, aber kurz, wie es einem Anstieg von weniger als einer Stunde entspricht. Eine lange Abfahrt handelt man sich jedoch mit dem kurzen Anstieg ein, wenn man sich nach dem steilen Gipfelhang nach links, in eine kleine Scharte, hält, und von hier zum Lai da Minschun (2642 m) abfährt. Von hier Richtung SW zum Muot da l'Hom (2512 m) und weiter zur Alp Laret (2206 m). Durch die bei Route ⒯ erwähnte steile Schneise nach Ftan (1633 m) und mit dem Autobus zurück nach Scuol.

→

Die Abfahrt vom ⒯ *Piz Minschun (3068 m) im Tourenbereich von Scuol führt durch ein sehr steiles Nordkar (im leichten Nebel hinter den Felsen rechts oben) in die Val Tasna.*

Piz Tasna, 3179 m

Wenig Anstrengung für einen formschönen Gipfel. Jänner bis April.

A: Scuol, Talstation der Bergbahn (1300 m).
K: Hm 800, Ekm 3 im Anstieg, Z 2,5. Skt 1a. Klt 1e. Lg 1. Geringe Spalten-gefahr. Abf N, O.
LK: 1199 (Scuol) und 1179 (Samnaun) bzw. 249 (Tarasp).

Mit Gondelbahn und Lift nach Schlivera (2400 m). Abfahrt auf 2100 m. Auffahrt zum Mot da Ri (2600 m). Abfahrt in die weite Mulde von Champatsch. Auffahrt mit dem Lift zum Champatsch-Grat (2800 m).

Abfahrt in einer weiten schönen Mulde bis zu P. 2511 oder auch weiter hinunter bis in eine Höhe von 2400 m. Anfellen. Zwischen Felsen und einer hübschen Kuppe (Mot, 2705 m) zu P. 2619. Jetzt wird es möglich, nach links zum Tasna-Gletscher einzubiegen. Unter einem Gletscherbruch bis zu den Felsen des Piz Lavèr-Nordgrates. Über den Gletscher zur Schulter, bei der der O-Grat des Piz Tasna ansetzt. Skidepot. Das letzte Stück vom Gipfel ist steil und bei Vereisung heikel. In diesem Falle Pickel und Steigeisen erforderlich.

Abfahrt über den Gletscher auf dem Anstiegswege oder deutlich rechts davon (Vorsicht: Spalten!). Bei der weiteren Abfahrt ist die Val Davo Lais vorzuziehen, in die man bei P. 2619 einzweigen kann, weil die Val Lavèr vom Liftgebiet aus erreichbar und daher entsprechend häufiger befahren ist. Durch das teilweise recht steile Tal bis zur Einmündung in die Val Lavèr bei einer Alm (P. 2080). Bei einigermaßen „schnellem" Schnee ist kein Schieben erforderlich — man fährt durch eine reizvolle Landschaft bis zum Hof Zuort (1711 m). Der weitere Weg nach Vnà zieht sich gehörig in die Länge (mehrere Gegensteigungen). Wer nicht gar zu sparsam mit seinen Franken umgehen muß, kann sich vom Wirt hinausfahren lassen, für eine Gruppe gar nicht so kostspielig. Wenn es die Schneeverhältnisse noch erlauben, kann man in Vnà noch einmal anschnallen und 400 Hm nach Ramosch (1231 m) abfahren. Mit einem bereitgestellten PKW oder dem Autobus zurück nach Scuol.

←

Auf dem Weg zum **160** *Piz Faschalba (3038 m), auf österreichischen Karten „Grenzeckkopf" genannt. Wir sehen hier noch nicht den Gipfel, sondern die vorgelagerte Bischofspitze, die wir zunächst überschreiten. Die Bergsteiger in der Einsattelung in der linken Bildhälfte nähern sich bereits dem Gipfel.*

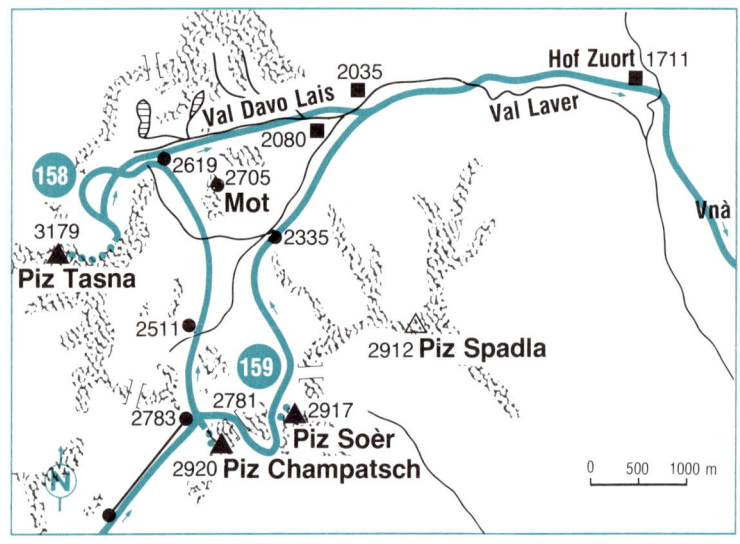

⑮⑨ Piz Soèr, 2917 m

Wer wenig Zeit hat und dennoch einen hübschen Gipfel besteigen will, kann sich den Piz Champatsch (2920 m) vornehmen. Er ist von der Bergstation des Lifts in 20 Minuten (großteils zu Fuß) erreichbar. Bei sehr günstigen Bedingungen (gute Schneelage, sichere Verhältnisse) kann man über die steile SW-Flanke abfahren, kommt dabei aber wiederum ins Liftgebiet. Reizvoller ist es deshalb, fast eben zur Fuorcla Soèr (2781 m) zu queren und noch ein Stück auf der „Traumpiste" abzufahren (bis etwa 2700 m). Anfellen. Über die steile SW-Flanke zu einer Einsattelung zwischen dem Hauptgipfel und P. 2912. Zu Fuß auf den Gipfel des Piz Soèr (2917 m). Z 0,5.

Bei gutem Pulverschnee fährt man von der Einsattelung über wunderschöne Hänge zu P. 2335 ab und fährt durch die Val Lavèr zum Hof Zuort. Weiter wie bei Route ⑮⑧ . Natürlich ist es auch möglich, auf dem Anstiegswege und anschließend über die „Traumpiste" abzufahren. Gute Skiläufer dürften allerdings andere Träume haben und die „Traumpiste" als zu flach empfinden.

150

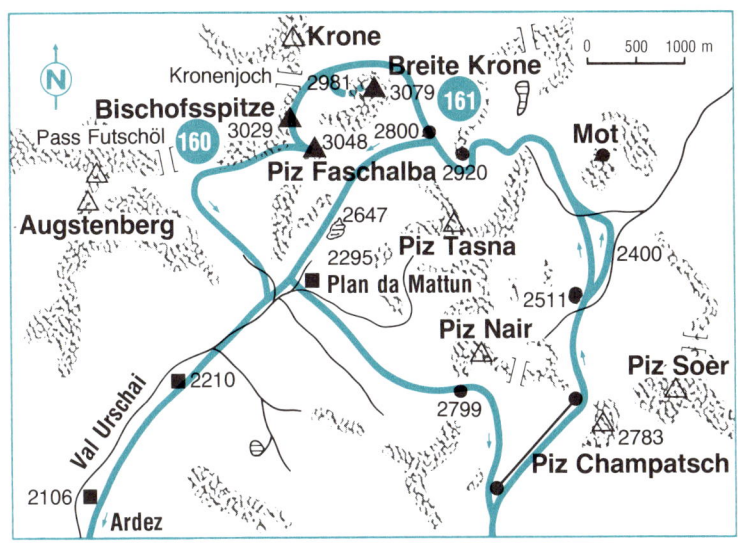

Piz Faschalba, 3048 m

160

Noch einmal: Kurzer Anstieg, lange Abfahrt. Jänner bis April.

A: Scuol, Talstation der Bergbahn (1300 m).
K: Hm 700, Ekm 5 im Anstieg, Z 2,5. Skt 1a. Klt 0. Lg 1. Keine Spaltengefahr. Abf SW, S.
LK: 1199 (Scuol), 1179 (Samnaun) und 1198 (Silvretta) bzw. 249 (Tarasp).

Mit Hilfe der Liftanlagen und nach zwei Zwischenabfahrten zum Champatsch-Grat (2800 m). Abfahrt in einer schönen Mulde zu P. 2511 oder auch weiter bis etwa 2400 m. Anfellen. In einem Tälchen zu P. 2619. Nach links in Richtung Tasna-Gletscher einbiegen. Am Nordfuß des Piz Laver vorbei und mit geringem Höhenverlust zur Fuorcla da Tasna. Bei sicheren Verhältnissen kann man ohne weiteren Höhenverlust die steilen N-Flanken der Breiten Krone queren und zum Kronenjoch (2981 m) ansteigen. Zu Fuß oder (bei günstigen Schneeverhältnissen) mit Ski über die **Bischofspitze** (3029 m) auf dem N-Rücken zum Piz Faschalba, einem Grenzberg zwischen Österreich und der Schweiz (daher auch der österreichische Name „Grenzeckkopf").

Bei der Abfahrt verfolgt man den meist verblasenen W-Rücken bis P. 2930 und fährt dann sehr steil zu P. 2586 und in das Urschai-Tal ab. Weiter durch das landschaftlich sehr schöne Tasna-Tal, bei gutem Schnee ohne Schieben, bis zur Straßenbrücke bei P. 1571. Mit einem bereitgestellten PKW zurück nach Scuol. Oder: Fußmarsch (etwa 50 Minuten) nach Ardez und mit der Rhätischen Bahn nach Scuol. Liegt auf den S-Hängen nach Ardez noch Schnee, kann man bis P. 1563 auf der Straße gehen und dann zu Chanoua (1633 m) aufsteigen. Von hier ergibt sich eine hübsche Abfahrt bis nach Ardez.

🔵161 Breite Krone, 3079 m

Gipfelsammler können auf dem Anstieg zum Piz Faschalba nach der Querung der N-Flanke der Breiten Krone — anstatt sofort zum Kronenjoch weiterzusteigen — über die NW-Flanke den Gipfel erreichen. Diese Flanke ist im oberen Teil meist sehr verblasen und deshalb skiläuferisch nicht lohnend. Man kann sich aber auch die Breite Krone als Hauptgipfel vornehmen, zur Fuorcla da Tasna zurückkehren, und von dieser Scharte nach Plan da Mattun (2295 m) und weiter wie bei Route 🔵160 nach Ardez abfahren.

Anmerkung: Spät im Jahr ist die Val Tasna häufig bereits aper. Dann empfiehlt es sich, sowohl bei Route 🔵160 als auch bei 🔵161 von Plan da Mattun in 1,5 Stunden zur Einsattelung (P. 2799) südlich des Piz Nair (2966 m) aufzusteigen und in das Liftgebiet abzufahren. Die Halbtageskarte gilt zeitlich unbegrenzt für die Rückfahrt mit der Gondelbahn.

🔵162 Piz Davo Lais, 3027 m

Auf den „Berg hinter den Seen". Jänner bis April.

A: Scuol, Bergbahnen (1300 m).
K: Hm 900, Ekm 4 im Anstieg, Z 3. Skt 2ab. Klt 0. Lg 2. Abf SW, NO.
LK: 1179 (Samnaun) bzw. 249 (Tarasp).

Mit Lifthilfe und nach zwei Zwischenabfahrten auf den Champatsch-Grat (2800 m). Abfahrt zu P. 2511 oder etwas weiter bis 2400 m. Durch ein Tälchen zu P. 2619. Kurze Abfahrt (Abfellen lohnt nicht) zu den Seen, von denen der Piz Davo Lais (= „Berg hinter den Seen") seinen Namen hat. Anstieg zur Scharte (2807 m) und ohne Höhenverlust über die SW-Flanke auf den Gipfel.

Bei der Abfahrt biegt man nach dieser Flanke in das Fimber-Tal (Val

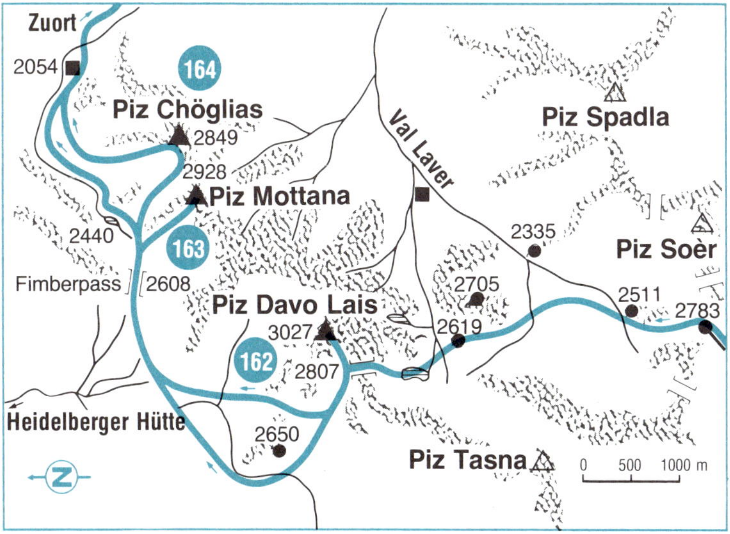

![Map showing the region around Piz Chöglias, Piz Mottana, Piz Davo Lais with route markers 162, 163, 164, and various peaks including Piz Spadla, Piz Soèr, Piz Tasna, and locations such as Zuort, Fimberpass, Heidelberger Hütte]

Fenga) ein. Ein auffälliger Felsen bei P. 2650 kann sowohl links (etwas länger) als auch rechts umfahren werden. Ab einer Höhe von 2400 m nicht mehr weiter abfahren, sondern etwas rechts halten, bis es das Gelände erlaubt (etwa bei P. 2522), zum Fimberpass (2608 m) einzuschwenken. Die Abfahrt durch das Chöglias-Tal nach Hof Zuort ist in den ersten Teilen sehr steil (2ab), ab der Alp Chöglias flach (mühsam wegen der häufig hoch aufgetürmten Lawinenreste). Von Hof Zuort (1711 m) wie bei Route 158 nach Ramosch.

Piz Mottana, 2928 m

Dieser Gipfel bietet eine sehr schöne schattseitige Abfahrt. Der Piz Mottana ist vom Fimberpass (2608 m) in einer knappen Stunde erreichbar.

Piz Chöglias, 2849 m

Auch dieser Gipfel bietet eine herrliche schattseitige Abfahrt. Der Anstieg dauert kaum länger als auf den Piz Mottana. Vom Fimberpass quert man fast ohne Höhenverlust bis zu der Mulde, die zwischen Piz Mottana und Piz Chöglias zu der schwach ausgeprägten Einsattelung bei P. 2810 zieht. Zu diesem Punkt und in wenigen Minuten auf den Gipfel. Bei sehr sicheren Verhältnissen können ausgezeichnete Skifahrer unmittelbar vom Gipfel in Richtung N mehr als 600 Hm in den Talboden abfahren (sehr steil!).

Anmerkung: Durch die Aufstiegshilfen ergeben sich selbst bei der Besteigung aller drei Gipfel (Davo Lais, Mottana, Chöglias) lediglich 1200 Hm im Aufstieg, dafür aber (Zwischenabfahrten im Liftgebiet eingeschlossen) mehr als 3000 Hm in der Abfahrt! Zu bedenken ist dabei, daß auch das mehrmalige Anfellen Zeit kostet und die endlosen Abfahrten anstrengend sind. Piz Mottana und Piz Chöglias sind für den Skiläufer bei guten Schneeverhältnissen auch als selbständige Ziele lohnend.

165 Piz Zuort, 3119 m

Eindruckvollste Skitour des Unterengadins. März bis Mai.

A: Funtana-Tarasp (1402 m), etwa 6 km von Scuol.
K: Hm 1700, Ekm 6, Z 5. Skt 2ab. Klt 1. Lg 2. Abf N.
LK: 1199 (Scuol) und 1219 (S-charl) bzw. 249 (Tarasp) und 259 (Ofenpass).

Entweder von links oder von rechts, oder geradewegs durch das Tälchen zu P. 1724 an der Waldgrenze. Von nun an gibt es keine Orientierungsschwierigkeiten mehr. In mehreren Stufen das Tal hinauf, wobei sperrende Felsriegel auf der östlichen Talseite umgangen werden. Bei 2660 m verengt sich das Tal. Über einen kleinen spaltenlosen Gletscher geht es sehr steil zu einer Mulde unterhalb der Zuort-Scharte. Knapp vor der Scharte, in einer Höhe von 2850 m, wenden wir uns nach rechts und erreichen über einen steilen O-Hang den Verbindungsgrat zwischen Piz da la Crappa und Piz Zuort. Das letzte Stück muß bereits ohne Ski zurückgelegt werden. Über den S-Grat auf den Gipfel.

166 Piz Pisoc, 3174 m

Der Piz Pisoc ist der höchste Gipfel der sogenannten „Unterengadiner Dolomiten". Um ihn zu besteigen, halten wir uns ab P. 2552 links und steigen in einer zunächst breiten, dann zunehmend engen und felsdurchsetzten Rinne zum Verbindungskamm zwischen Piz dals Vadès und Piz Pisoc auf. Über den S-Grat, teilweise in die W-Flanke ausweichend, auf den Gipfel (Klt 1). Die Abfahrt durch die Val Zuort ist großartig. Toni Hiebeler,

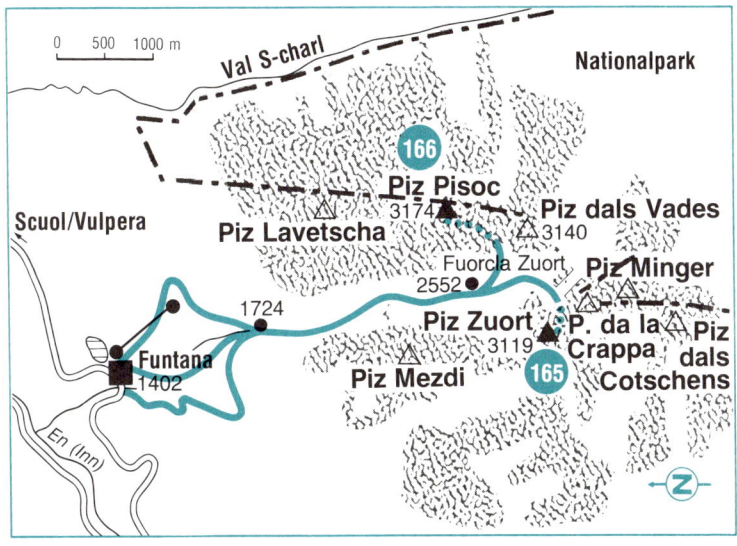

ein Kenner des Unterengadins, meint, wer diese Abfahrt gefahren sei, werde von allen weiteren Skitouren seines Lebens enttäuscht sein, denn keine andere Tour reiche an die Abfahrt durch die Val Zuort heran.

Piz Plavna Dadaint, 3167 m

Für Skibergsteiger mit leicht masochistischem Einschlag. März bis Mai.

A: Funtana-Tarasp (1402 m), etwa 6 km von Scuol.
K: Hm 1750, Ekm 12, Z 6. Skt 1a. Klt 1. Lg 1. Abf S, N.
LK: 1199 (Scuol) und 1219 (S-charl) bzw. 249 (Tarasp) und 259 (Ofenpass).

Von Funtana-Tarasp auf Forststraßen in das Plavna-Tal. Mit sehr geringem Höhengewinn durch das endlose Tal zur Alp Plavna (2076 m) und weiter bis zur Einmündung des Pedrus-Tales. Dieses Tal aufwärts, in einem Rechtsbogen um P. 2401 in die große Gipfelmulde. Am Beginn der Felsen Skidepot. Auffallende Felstürme rechts lassen, durch steile Rinnen auf den SO-Grat und auf den Gipfel. — Wer bei gleichem Zeitaufwand weniger Flachstücke und mehr Hm im Anstieg haben möchte, der wird auf die etwas ungewöhnliche Möglichkeit verwiesen, die bei Route **123** beschrieben wird.

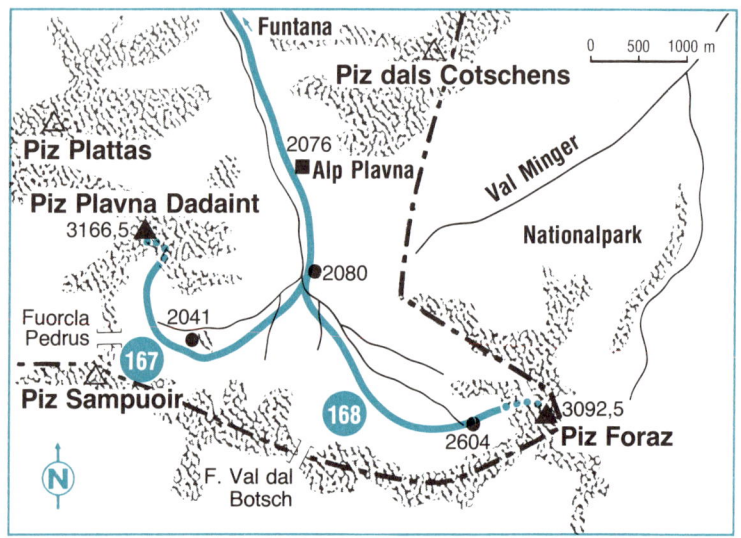

168 Piz Foraz, 3093 m

Wir bleiben bis zum Talschluß (P. 2604) im Plavna-Tal. Richtung O/NO, an einem ausgeprägten Felsgrat südseitig vorbei, auf den NW-Rücken und über diesen, zuletzt ohne Ski, auf den Gipfel. Z 5,5.

Anmerkung: Skiläuferisch sind diese beiden Gipfel nicht so lohnend wie der Piz Zuort.

169 Piz Lischana, 3105 m

Großartiger Gipfel für gute Skibergsteiger. März bis Mai.

A: Parkplatz am Beginn des Hüttenanstiegs (1420 m), etwa 3 km von Scuol.
K: Hm 1700, Ekm 8, Z 5 (Mit Nächtigung auf der Lischana-Hütte entsprechend gemütlicher.) Skt 1ab (Steilvariante 2ab). Klt 1. Bei schlechter Sicht Orientierung schwierig. Lg 1. Abf NW.
LK: 1199 (Scuol) bzw. 249 (Tarasp).

Von Scuol in Richtung S-charl. Bei der sechsten Kehre (etwa 1390 m) nach links abzweigen (Forststraße, kein Fahrverbot). Nach 1 km rechts

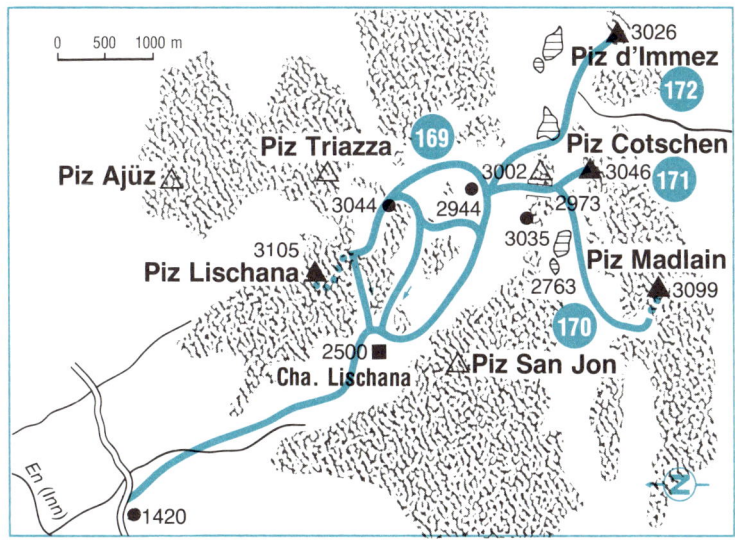

Hinweistafel „Chamanna Lischana". Parkplatz. Durch das deutlich erkennbare Tal des Lischana-Baches aufwärts. Ab etwa 2000 m auf einem Rücken in der Mitte des Tales, links und rechts davon Gräben, die meist mit Lawinenschnee gefüllt sind. Sehr steil zur Lischana-Hütte des SAC (2500 m). Unterhalb der Felsen, westlicher als der Sommerweg, zum Lischana-Gletscher. Auf den Gletscher ansteigen und in weitem Bogen über den Vadret da Rims zu einer Einschartung östlich von P. 3044. Bei sicheren Verhältnissen kann man den weiten Bogen abschneiden. Wir queren auf den Vadret da Triazza und steigen zu der Scharte nördlich von P. 3070 (Lischana-Mittelgipfel) an. Skidepot. Auf der W-Seite des Südgrates zum Hauptgipfel.

Die Abfahrt kann auf dem Aufstiegswege erfolgen. Bei sicheren Schneeverhältnissen kann man sich jedoch den großen Umweg über die zwei Gletscher ersparen und nach P. 3044 unmittelbar zur Lischana-Hütte abfahren. Ausgezeichnete Skifahrer können bei sehr günstigen Verhältnissen vom Skidepot einige Meter absteigen und dann eine steile und schmale Rinne abfahren (bis zu 40 Grad, im oberen Teil eng, für skiläuferische Normalverbraucher nicht geeignet).

170 Piz Madlain, 3099 m

Wir zweigen beim Lischana-Gletscher nach rechts ab und steuern die Fuorcla da Trigl (2973 m) östlich von P. 3035 an. Bei der nun folgenden Abfahrt zuerst links halten (rechts Felsabbrüche, steil), dann Richtung W einbiegen zum Trigl-See (2763 m). Nach einem Flachstück neuerliche Abfahrt bis in eine Höhe von 2600 m. Querung am Fuße der N-Flanke des Piz Madlain, bis sich zwischen Felsen eine steile Aufstiegsmöglichkeit bietet. Nach etwa 200 Hm kommen wir zum überraschend breiten NW-Rücken unseres Berges. Mit Ski möglichst hoch hinauf. Skidepot. In geringer Schwierigkeit (Klt 1) zum Gipfel. — Durch den Gegenanstieg 1400 Hm von der Lischana-Hütte. Eine Nächtigung auf der Hütte ist daher auch gut trainierten Skibergsteigern anzuraten. Eine unmittelbare Abfahrt in die Val S-charl, die den Gegenanstieg vermeidet, ist zwar durch das Trigl-Tal möglich, aber wenig ratsam. Lawinenreste und felsige Einlagen sind unangenehmer als ein einstündiger Gegenanstieg.

K: Hm 2500, Ekm 8, Z 8. Skt 1ab. Klt 1. Lg 1. Abf NW.

171 Piz Cotschen, 3046 m

Dieser Gipfel ist wesentlich leichter zu erreichen. Von der Fuorcla da Trigl (2973 m) ein kurzes Stück abfahren und in einem leichten Rechtsbogen über die N-Flanke unmittelbar zum Gipfel aufsteigen.

K: Hm 1600, Ekm 6, Z 5. Skt 1ab. Klt 0. Lg 1. Abf NW.

172 Piz d'Immez, 3026 m

Etwa 100 Hm unterhalb der Trigl-Scharte nach links abzweigen und über sehr flaches Gelände, in das zahlreiche Seen eingebettet sind, Richtung SO zur N-Flanke des Piz d'Immez. Über diese Flanke mit Ski unmittelbar auf den Gipfel.

*

TOURENBEREICH S-CHARL, 1810 m

Die kleine Siedlung **S-charl** ist von Scuol aus auf einer Fahrstraße erreichbar — allerdings erst im Frühjahr. Die beiden Gasthäuser (Major und Crusch Alba) haben in der Karwoche (sowie eine Woche vorher und eine Woche nachher) geöffnet.

Die Berge rund um S-charl gehören zur Sesvenna-Gruppe. Mit Ausnahme einiger Vorgipfel wie **Mot dal Gajer** (2797 m), **Piz Mezdi** (2883 m), **Mot da l'Hom** (2758 m), **Mot Falain** (2691 m) und **Mot Tavrü** (2350 m) handelt es sich um lange und recht alpine Unternehmungen. Das gilt für den häufig besuchten **Piz Sesvenna** (3206 m), aber auch für die einsameren **Piz Christanas** (3092 m) oder **Piz d'Immez** (3026 m). Den **Piz Vallatscha** (3021 m), der auch zum Tourenbereich von S-charl gehört, besteigt man besser vom Liftgebiet Minschuns unterhalb des Ofenpasses oder vom Ofenpass selbst aus — von S-charl sind es nicht weniger als 10 Ekm.

S-charl ist eines der bestbesuchten Tourengebiete des Unterengadins. Vermutlich auch deshalb, weil sich vor der Öffnung der Straße und/oder der beiden Gasthäuser niemand in das abgelegene Tal begibt. Die Skiläufer, die dieses Tourengebiet besuchen, drängen sich daher zeitlich in die erwähnten drei Wochen.

Auskunft und Quartierbestellung: Gasthaus Crusch Alba, Tel. 084-91405; außerhalb der Öffnungszeit: 084-91252.
Gasthaus Major, Tel. 084-91412; außerhalb der Öffnungszeit: 084-91601.
Natürlich kann man sich auch an das Verkehrsbüro, CH-7550 Scuol, wenden (Tel. 084-91381).

Piz Sesvenna, 3205 m

173

Beliebtester Gipfel im Tourenbereich von S-charl. März bis Mai.

A: S-charl (1810 m).
K: Hm 1400, Ekm 10, Z 5. Skt 1a. Klt 0. Lg 1. Kaum Spaltengefahr. Abf N, W.
LK: 1219 (S-charl) bzw. 259 (Ofenpass).

Dem Sommerweg folgend zur Alp Sesvenna (2098 m) und weiter im Tal, zweimal über eine Steilstufe zu P. 2523. Hier kommt das berühmte „S" dieses Anstiegs: In einem weiten Linksbogen zum Sesvenna-See und mit einem anschließenden Rechtsbogen auf den Sesvenna-Gletscher. Dieser

Teil kann bei schlechter Sicht Orientierungsschwierigkeiten bereiten. Über den Gletscher bis zu den Felsen etwas westlich von P. 3081. Skidepot. Unschwieriger Blockgrat zum Gipfel. Gute Skiläufer nehmen die Ski mit und fahren unmittelbar vom Gipfel über den im oberen Teil steilen Gletscher ab. Es ist auch möglich, vom Gipfel ein kurzes Stück nach W abzusteigen und geradewegs zu P. 2523 abzufahren. Diese Möglichkeit sollten gute Skifahrer bei günstigen Verhältnissen vorziehen.

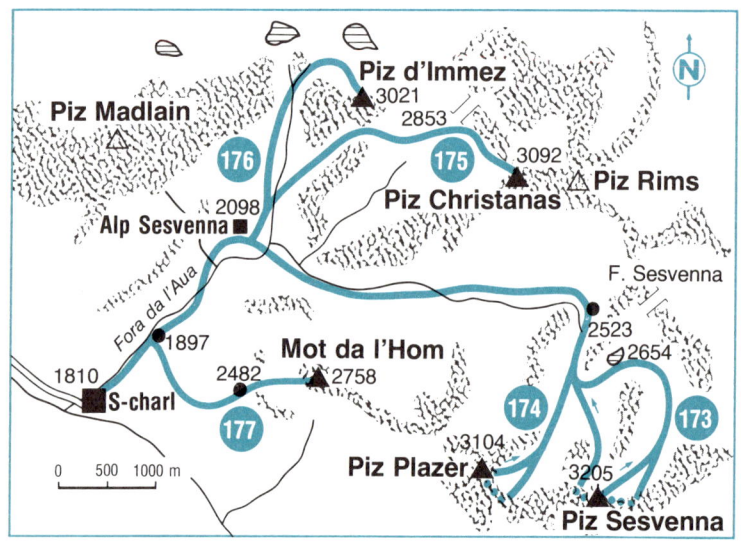

174 Piz Plazèr, 3104 m

Wer auch an einem schönen Tourentag auf dem Gipfel allein sein möchte, verläßt den beschriebenen Anstieg im ersten Teil des „S" und steuert durch eine schöne weite Mulde den Piz Plazèr an. Man erreicht den Gipfel am besten über P. 2989 m. Ausgezeichnete Skiläufer können bei günstigen Verhältnissen unmittelbar vom Gipfel in die Mulde abfahren. Z 4.

Piz Christanas, 3092 m

Ein steiler und einsamer Gipfel, Hm 1300, Ekm 6, Z 4. Skt 2ab. Klt 0. Lg 2. Abf W, SW. Bei der Alp Sesvenna (2098 m) nach links abzweigen und im steilen Graben unterhalb der S-Flanke des Piz d'Immez aufsteigen. Ab etwa 2700 m etwas nach rechts abbiegen zur Fuorcla Cornet (2853 m) und über den N-Rücken auf den Gipfel.

Piz d'Immez, 3026 m

Wir zweigen ebenfalls bei der Alp Sesvenna von der Heerstraße der Skitouristen ab und steigen sehr steil durch die Fora da l'Aua auf. In einem Rechtsbogen erreichen wir den Vadret d'Immez, ein kleines Firnfeld. Von N unschwierig auf den Gipfel.

K: Hm 1200, Ekm 5, Z 4. Skt 2ab. Klt 0. Lg 2. Abf S, SW.

Anmerkung: Die beiden Gipfel lassen sich miteinander verbinden. Man kann von der Fuorcla Cornet zuerst leicht ansteigend, dann mit geringem Höhenverlust, gleichfalls den Vadret d'Immez erreichen. Die Abfahrten zur Alp Sesvenna sind in beiden Fällen sehr steil.

Mot da l'Hom, 2758 m

Dieser Gipfel ist ohne langen Talhatscher in kurzer Zeit erreichbar. Man zweigt bereits nach einer Viertelstunde, knapp bevor der Ziehweg eine Brücke überquert, nach rechts ab und erreicht, zuletzt sehr steil, in einem Linksbogen P. 2482. Auf dem Rücken weiter zum Gipfel.

K: Hm 950, Ekm 3, Z 2,5. Skt 1a. Klt 0. Lg 1. Abf W, N.

Piz Mezdi, 2883 m

Bescheidene Tourenziele rund um S-charl. Februar bis April.

A: S-charl, 1810 m.
K: Hm 1100, Ekm 5, Z 3,5. Skt 0. Klt 0. Lg 1. Abf NO.
LK: 1219 (S-charl) bzw. 259 (Ofenpass).

Im Tal der Clemgia mit sehr geringem Höhengewinn bis P. 1994. Wir verlassen das Tal rechts und steigen zur Alp Schombrina (2138 m) auf. Über einen schönen steilen Hang von links her zu P. 2704 und über den O-Rücken auf den Gipfel.

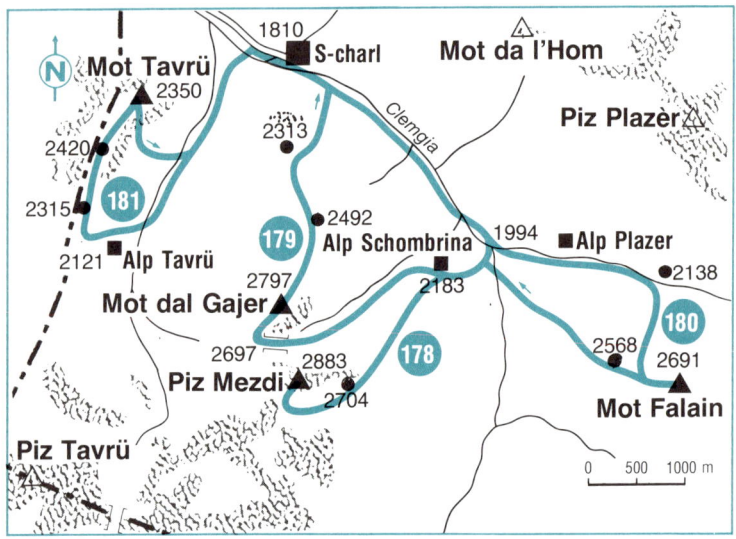

179 Mot dal Gajer, 2797 m

Bei der Alp Schombrina (2138 m) vom beschriebenen Anstieg abzweigen und in der weiten Mulde zur Fuorcla Schombrina (2697 m) aufsteigen. Über den S-Rücken auf den Gipfel. Z 3. Gute Skiläufer können unmittelbar vom Gipfel über den Mot Mezdi (2492 m) und eine Lawinenrinne (Laviner Lad) nach S-charl abfahren (Skt 1ab).

180 Mot Falain, 2691 m

Auch hier erfolgt die Abzweigung bei P. 1994 m, diesmal aber nach links in die Val Plazèr. Bei P. 2183 wenden wir uns nach S, bis wir den W-Rücken des Mot Falain erreichen, über den wir zum Gipfel aufsteigen. Z 3. Gute Skiläufer können über den Vorgipfel (2568 m) unmittelbar ins Clemgia-Tal abfahren, das sie etwa 100 m vor P. 1994 erreichen.

181 Mot Tavrü, 2350 m

Von S-charl auf der Straße nach Scuol, etwa 10 Minuten bis zu einer Brücke über die Clemgia. Durch die Val Tavrü ansteigen bis zu P. 2006 und weiter zur Alp Tavrü (2121 m). In einem weiten Rechtsbogen erreichen wir bei P. 2315 den S-Rücken, den höchsten Punkt (2420 m) und schließlich das weit vorgeschobene Gipfelzeichen (2350 m). Z 2. Bei der Abfahrt kann man ohne größere Schwierigkeiten einen Durchschlupf durch die Felsen finden (Richtung S) und dann steil nach SO in die Val Tavrü einbiegen.

*

TOURENBEREICH RAMOSCH, 1231 m

Von **Ramosch** selbst geht keine einzige hier beschriebene Skitour aus. Die eigentlichen Ausgangspunkte **Sent** (1430 m), **Vnà** (1602 m) und **Tschlin** (1561 m) sind vom verkehrsmäßig günstig gelegenen Ramosch in kurzer Zeit erreichbar.

Von **Sent** gehen wir den **Piz Spadla** (2912 m), **Fil Spadla** (2868 m) und den unbedeutenden **Mot da Set Mezdis** (2155 m) an, der sich als Schlechtwettertour eignet. Diese Gipfel gehören zur Silvretta-Gruppe. Sie sind, allerdings ein wenig umständlich, auch aus dem Liftgebiet von Scuol erreichbar.

Alle anderen Gipfel dieses Tourenbereiches gehören zur Samnaungruppe. Von Vnà aus besteigen wir den **Piz Arina** (2828 m), einen ausnehmend schönen Skigipfel, den **Piz Nair** (3018 m) und den gewaltigen **Muttler** (3294 m). Insbesondere für den Muttler ist eine Nächtigung im Hof Zuort (1711 m) empfehlenswert — die Tour ist auch von hier aus noch genügend lang und anstrengend.

Wie Vnà wird auch **Tschlin** über eine gut ausgebaute Bergstraße erreicht. Dieses Dorf ist Ausgangspunkt für **Piz Salet** (2971 m) und **Piz Malmurainza** (3038 m).

Auskunft und Zimmernachweis: Verkehrsbüro CH-7551 Ramosch, Tel. 084-93110.
Verkehrsbüro CH-7554 Sent, Tel. 084-91544.
Verkehrsbüro CH-7551 Vnà, Tel. 084-93156.
Verkehrsbüro CH-7559 Tschlin, Tel. 084-93270.

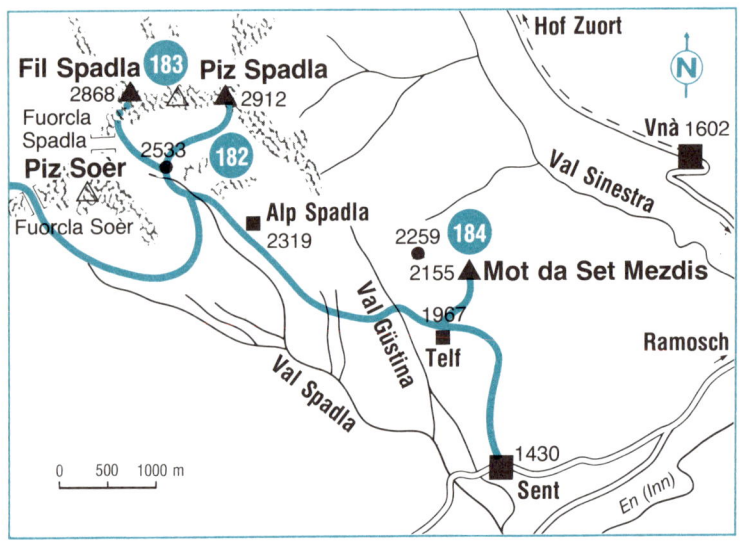

182 Piz Spadla, 2912 m

Skivergnügen auf steilen Hängen. Februar bis April.

A: Sent (1437 m), etwa 4 km von Ramosch.
K: Hm 1500, Ekm 6, Z 4,5. Skt 1a. Klt 0. Lg 1. Abf S.
LK: 1199 (Scuol) bzw. 249 (Tarasp).

Von Sent (1437 m) steigt man östlich des Chüstina-Baches bis in eine Höhe von 2000 m und biegt dann nach links zur Alp Spadla (2319 m) ein. In dieser Richtung weiter, dann unmittelbar über die mächtige S-Flanke des Piz Spadla, Steilstücken ausweichend, zum Gipfel.

→

Noch einmal: Abfahrt vom **133** *Radüner Rothorn (3022 m). Im Hintergrund der* **134** *Piz Radönt (3065 m), dessen Besteigung einige Kletterfertigkeit erfordert (Stellen im II. Schwierigkeitsgrad, die schattseitig liegen und bei Neuschnee oder Vereisung heikel sein können).*

Fil Spadla, 2868 m

183

Diesen Gipfel erreicht man, wenn man sich ab P. 2533 nicht nach rechts wendet, sondern geradeaus zur Fuorcla Spadla (2726 m) aufsteigt. Noch vor dem Erreichen der Scharte nach rechts zum SW-Rücken abzweigen und über diesen, zuletzt ohne Ski, auf den Gipfel. — Bei gutem Pulverschnee ist es möglich, über die gleichfalls recht steilen, nach NW gerichteten Hänge, in die Mulde von Tiral abzufahren. Weiter durch die Val Lavèr nach Zuort und über Vnà nach Ramosch zurück. Autobusverbindung nach Sent.

Anmerkung: Wer genügend Kleingeld hat, kann sich den Anstieg auf diese beiden Gipfel auf ein Drittel verkürzen. Mit einer Halbtageskarte (sFr 19.—, 1984) erreicht man von Scuol aus mit mehreren Aufstiegshilfen den Champatsch-Grat (2783 m). Fast eben zur Soèr-Scharte (2781 m) und ein kurzes Stück auf der „Traumpiste" hinab, bis es möglich ist, um die Ausläufer des Piz Soèr in einem Bogen in die Val Spadla einzubiegen.

Mot da Set Mezdis, 2155 m

184

K: Hm 700, Ekm 2, Z 2. Skt 0. Klt 0. Lg 0. Abf S. Diese Kuppe ist ein hübsches Ausweichziel bei Schlechtwetter. Wie beim Anstieg zum Piz Spadla zu den Almhütten von Telf (1967 m). Hier nach rechts abzweigen und in einem leichten Linksbogen über freie Hänge zum Gipfel.

Muttler, 3294 m

185

Für ausgezeichnete Skibergsteiger bei besten Verhältnissen. März bis Mai.

A: Vnà (1602 m), von Ramosch über eine Bergstraße erreichbar.
K: Hm 1700, Ekm 9, Z 6. Skt 2a. Klt 0. Lg 2. Abf SW.
LK: 1179 (Samnaun) und 1199 (Scuol) bzw. 249 (Tarasp).

Von Vnà mit sehr geringem Höhengewinn taleinwärts bis zur Pra San Peder (1831 m) und weiter zur Alp Pradgiant (2075 m). Über den Munt Bel in die Mulde Il Cul. Steil hinauf zu einer Einsattelung nordöstlich von P. 2908 (Mot da Tumasch). Über den Kamm zu P. 3143, das letzte Stück häufig bereits zu Fuß, und weiter über den SW-Grat auf den Gipfel. Bei ganz sicheren Schneeverhältnissen ist es möglich, in einer Höhe von 3000 m in die steile NW-Flanke hineinzuqueren und mit Ski auf den Gipfel zu gelangen.

←

Eines der gewaltigsten Tourenziele des Unterengadin: ***Piz Nuna (3123 m).***

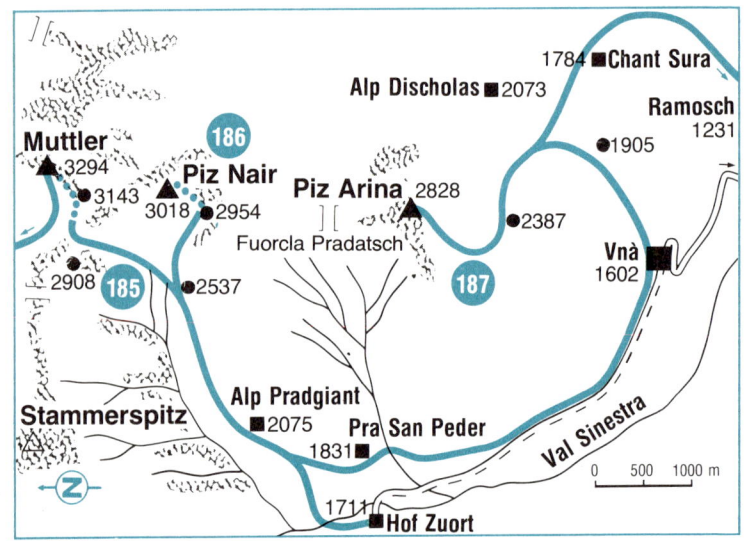

186 Piz Nair, 3018 m

K: Hm 1400, Ekm 7, Z 4,5. Skt 1a. Klt 0. Lg 1. Abf W, SW. Beim Munt Bel (P. 2537) halten wir uns etwas rechts und erreichen, zuletzt sehr steil, eine kleine Einsattelung zwischen P. 2954 und dem Piz Nair. Zu Fuß unschwierig auf den Gipfel.

Anmerkung: Die beiden rassigen Skitouren haben den Schönheitsfehler eines langwierigen Talhatschers. Man geht sie daher vielleicht mit größerem Genuß, wenn man in Hof Zuort (1711 m) nächtigt (Landwirtschaft mit einfachem Gasthausbetrieb). Wer es besonders bequem haben möchte, kann sich vom Pächter in Vnà abholen lassen (Tel. 93153).

187 Piz Arina, 2828 m

K: Hm 1200, Ekm 3, Z 3,5. Skt 1a. Klt 0. Lg 1. Abf S. Von Vnà in einem weiten Linksbogen zu P. 2387 und über den riesigen Gipfelhang, unter Vermeidung besonderer Steilstücke, auf den Gipfel. Günstig ist es, sich etwas links zu halten und den Gipfel von SW her zu erreichen. Ist die Abfahrt bis nach Ramosch (1231 m) noch möglich, fährt man besser über Chant Sura (1784 m) und weiter über schöne Almböden bis in das Inn-Tal. Von Ramosch besteht eine Autobusverbindung nach Vnà.

168

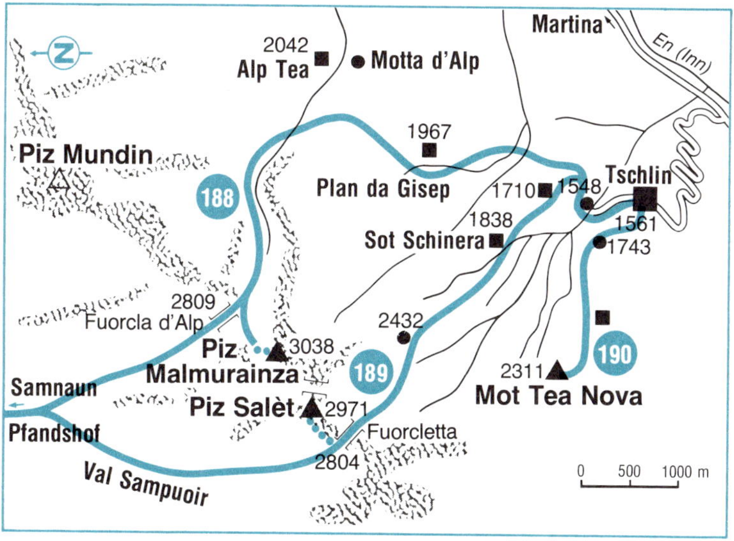

Piz Malmurainza, 3038 m

Firnabfahrt für Frühaufsteher. Februar bis April.

A: Tschlin (1533 m), erreichbar über eine kurvenreiche Bergstraße, die von Strada von der Hauptstraße abzweigt.
K: Hm 1500, Ekm 7, Z 5. Skt 1a. Klt 0. Lg 1. Abf O, S.
LK: 1179 (Samnaun) bzw. 249 (Tarasp).

Durch das Bauerndorf Tschlin bis an das Ortsende. Parkmöglichkeit. Auf einer Fahrstraße zum Talübergang bei P. 1548 und weiter auf die flachen Böden von Pra Grond (1672 m). Ziemlich genau in Richtung N bis in eine Höhe von 2000 m (Plan da Gisep). Von jetzt an halten wir uns rechts (Richtung NO), um nach den felsigen östlichen Ausläufern des Piz Malmurainza in eine weite, sanft geneigte Mulde (Fops) oberhalb der Alp Tea zu gelangen. In ihr steigen wir aufwärts bis in eine Höhe von 2400 m und biegen dann nach links (Richtung W) in die weite Gipfelmulde (La Grava) ein. Über den herrlichen Gipfelhang in zunehmender Steilheit auf den Gipfel. Nur die letzten Meter müssen zumeist zu Fuß zurückgelegt werden.

189 Piz Salèt, 2971 m

K: Hm 1450, Ekm 5, Z 4,5. Skt 1a. Klt 0. Lg 1. Abf SO. Kurz nach dem Talübergang bei P. 1548 zweigen wir bereits vom Anstieg zum Piz Malmurainza nach links ab und steigen oberhalb des schluchtartig eingeschnittenen Tales hinauf, bis wir freie Hänge erreichen und ziemlich unmittelbar die Fuorcletta (2804 m) ansteuern können. Bei günstiger Schneelage kann man noch ein gutes Stück weiter mit Ski ansteigen. Zuletzt über unschwierige Felsen auf den Gipfel.

Anmerkung: Wem es nicht zu mühsam ist, ein Auto in Samnaun abzustellen, der kann von beiden Gipfeln auch großartig nach N abfahren. Das Auto stellt man am besten beim Pfandshof (1507 m) am Ende des Sampuoir-Tales ab, durch das unsere Abfahrt führt.

190 Mot Tea Nova, 2311 m

Wenn Wetter oder Kondition für den Piz Malmurainza oder den Piz Salèt nicht reichen, bildet dieser Gipfel eine hübsche Ausweichtour. Hm 750, Ekm 2, Z 2. Skt 0. Klt 0. Lg 0. Abf SO. Von Tschlin in Richtung N durch eine breite Waldschneise zu P. 1743 (Puntsot). Von hier zuerst kurz durch den Wald, dann über freie Böden zum Gipfel, den man von SW erreicht.

*

Literaturverzeichnis

BERGVERLAG-Tourenblätter, Mappe 10: Bernina, Bergell, Ober- und Unterengadin, München o. J.

CONDRAU, Bernard, Graubünden, München 1976

DAS ENGADIN, Merian-Monatshefte, 14. Jahrgang, H. 8, Hamburg o. J.

DEUTSCHER SKIVERBAND (Hg.), DSV-Atlas 1984, Stuttgart o. J. (1983)

ENGADIN, Schwerpunktthema von „Der Bergsteiger", H. 7, 1980

FLAIG, Walther, Silvretta-Skiführer, München 1958/7. A.

FLAIG, Walther, Das Silvretta-Buch, München 1966/5. A.

FLAIG, Walther, Alpenvereinsführer Silvretta, München 1966/7. A.

FLAIG, Walther, Bernina (Festsaal der Alpen), München 1967/2. A.

FLAIG, Walther, Bernina-Gruppe, München 1977/7. A.

FLÜELER, Nikolaus (Hg.), Kulturführer Schweiz, Zürich 1982

GRASSLER, Franz, Alpenvereinseinteilung der Ostalpen (AVE), in: Alpenvereins-Jahrbuch 1984, München 1983, 215-224

HIEBELER, Toni, Allegra (Unterengadin im Sommer und Winter), München 1980/2. A.

HIEBELER, Toni, Lexikon der Alpen, München 1982

KÜMMERLY und FREY, Wanderbuch Oberengadin, Bern 1982

KÜMMERLY und FREY, Wanderbuch Unterengadin, Bern 1982

MÜLLER, Paul Emanuel, Leuchtendes Engadin, Zürich 1972

MÜLLER, Paul Emanuel, Vielgestaltiges Graubünden, Zürich 1979

NIGG, Paul, Führer durch das Bergell, München 1968

OBERENGADIN, Schwerpunktthema: Alpinismus H. 6, 1974

PAUSE, Walter, Abseits der Piste, München, zahlreiche Auflagen

RITZ, Josef, 58 Skitouren zwischen Bernina und Großvenediger, München 1976

SCHWEIZER ALPEN-CLUB (Hg.), Alpine Skitouren, Band 2: Graubünden, Wallisellen 1981

SCHWEIZER ALPEN-CLUB (Hg.), Bündner Alpen, Band 4: Bergell, Wallisellen 1984

SCHWEIZER ALPEN-CLUB (Hg.), Bündner Alpen, Band 5: Bernina, Wallisellen 1973

SCHWEIZER ALPEN-CLUB (Hg.), Bündner Alpen, Band 6: Albula, Wallisellen 1980

SCHWEIZER ALPEN-CLUB (Hg.), Bündner Alpen, Band 8: Silvretta und Samnaun, Wallisellen 1961

SCHWEIZER ALPEN-CLUB (Hg.), Clubhütten, Wallisellen 1976

SCUOL, Schwerpunktthema: Alpinismus, H. 9, 1970

SEIBERT, Dieter, Alpenvereins-Skiführer: Ostalpen, Band 3, München 1981

SEIBERT, Dieter, Traumtouren im Tiefschnee, München 1982

SEIBERT, Dieter, Das goldene Engadin, München 1983/5. A.

SILVRETTA, Schwerpunktthema von „Bergwelt", H. 8, 1983

STIEBLER, Christof und NIGG, Paul, Bergell, München 1968

STIEBLER, Christof und NIGG, Paul, Bernina (Eisgipfel und Wanderwege über dem Engadin), München 1980

UNTER-ENGADIN, Schwerpunktthema von Alpinismus, H. 6, 1973

UNTER-ENGADIN, Begegnung und Erlebnis, Chur 1982

WEISS, Rudolf, Touren-Skilauf, Innsbruck 1983

WERNER, Paul und THOMA, Ludwig, Samnaungruppe, München 1982/2. A.

WIDMANN, Werner A., St. Moritz und das Ober-Engadin, Regensburg 1974

*

HINWEISE FÜR DEN BÜCHERFREUND

rechte Seite →

Vom  *Piz Faschalba (3038 m) fährt man – anfangs recht steil – in die Val Urschai und dann weiter in die Val Tasna ab. In diesem reizvollen Tal wurde unser Bild aufgenommen. Man erreicht es auch vom* *Piz Tasna (3179 m) über die gleichnamige Scharte oder vom* **Piz Minschun** *(3068 m). Häufig ist in Beschreibungen der Hinweis auf landschaftliche Schönheit nur ein Trost für stundenlanges Schieben durch ein flaches Tal. Das hat die Val Tasna nicht nötig: bei einigermaßen „schnellem" Schnee läuft es flott hinaus bis zur Straßenbrücke bei P. 1571.*

Abb. Seite 176 → →

Das ungemein reizvolle Dörfchen **Tschlin***, sonnseitig gelegen und nur wenige Kilometer von der österreichischen Grenze entfernt. Es ist Ausgangspunkt für zwei prächtige Skitouren, und zwar auf den* **Piz Malmurainza** *(3038 m) mit seinem berühmten ostseitig gelegenen Gipfelhang und den* **Piz Salet** *(2971 m). Dieser wenig bekannte Gipfel ist skiläuferisch fast noch höher einzuschätzen, weil er unmittelbar über herrliche freie Süd-hänge erreicht wird, während beim Malmurainza flachere Teile und längere Schrägfahrten nicht vermieden werden können.*